不读好书的人，比文盲也强不到哪里去。

——马克·吐温

启真馆 出品

三味
书屋

书情旧梦录

胡桂林　著

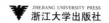
ZHEJIANG UNIVERSITY PRESS
浙江大学出版社

序

当年一起淘买旧书，一起逛书摊的书友，今已星散，保持来往的书友所剩无几，胡君桂林是"无几"里的一位。一向所说的"友谊地久天长"，实为人世间的美好理想。胡君是我最早结交的书友，大概是在 1994 年中关村体育场还有跳蚤市场的时候。那之前，我是一个人单枪匹马地东逛西遛，也曾有机会交往书友，也许是不对脾气，也许不是一路人，多止于点头之交。很多年后，我又对几位最亲密的书友说起当初的交友原则：一是，喜欢淘书；二是，薪水相差不多；三是，非官，无车。如果社会地位和经济收入相差过于悬殊，我们的友谊维持不了这么久。当年随着交往的深入，我又定了一条规矩，吃饭必须是 AA 制，或轮流买单制。或许您要问，为什么老是由我定规则呢，很简单，我不能白比哥儿们几个大十来岁。果然，二十几年后，我们几个书友仍旧是我们几个书友，一个不少，一个也没增加。想想那些著名的音乐组合，什么"甲壳虫"，什么"小虎队"，真不如我们书友天长地久呢。

藏书家叶灵凤说过："每一个爱书的人，总有爱跑旧书店的习惯。对于爱书家，旧书店的巡礼，不仅可以让你在消费上获得便宜，买到意外的好书；而且可以从饱经风霜的书页中体验着人生，正如沉静在你自己的书斋中一样。"我与胡君的结伴淘买旧书，多于书摊与书店之间穿行往复，甚至一同在拍卖场上出没，这当然是书价尚处理性年代的事情。胡君买书的起点比我们高一大截，我们属于旧平装旧杂志里打圈圈，胡君一起手即"内府本""红蓝印""精写刻""开花纸"等大几千的货色。如今我们积攒的货色增值慢、变现难，而胡君遇到急用钱的时候，随便出手几本古版旧籍，立刻解决困局。虽然，我们这些书友当初淘买旧书，纯属喜欢和兴趣，并无投资意识，但现在真为了大钱犯难的时候，才后悔当初选择品种的失策。经常逛书摊，不经意间会养成一个毛病，"什么书便宜买什么书"。实际上，贵者恒贵，贱者恒贱，少有例外。说一个事，胡君曾当着我的面跟琉璃厂旧书店店员说："这书我要了，包上吧！"我说："两千块钱呢，你也不还价？"还价也是逛地摊养成的坏习惯。胡君没理睬我，一分不少地交了两千块。如今这套书出手的话怎么也得四五十万。同样的两千块，当年我买的是一套民国杂志，如今两万元有人要吗？藏书家黄裳说过："买好书，逛冷摊跑晓市没有什么用，只有在书店出大价钱一途。"这是过去的情形，现在也同样适用。

张口闭口谈钱，是不是有点儿俗？不俗，一点儿也不俗。淘买古旧书，避谈书价，那是虚应故事，古人云："始信百城难坐拥，从今先要拜钱神。"何况，我们花这点儿钱买书，在穷人看来是摆阔，在富人眼里是寒酸。有一位老辈藏书家，非常反感疯涨的古旧书价钱，后来我给他讲了一个道理：如此飞涨的书价不正好说明您当年的眼力高吗？古旧书价格上涨，说明需大于供，就这么简单，买得起就买，买不起就不买，时光可惜，为书所累，不值。胡君现在已经不怎么买书了，尤其不花高价买书了。我们都已经过了青春的年纪，中年亦渐行渐远，眼下是风轻云淡的准老年吧。淘买了几十年的古旧书，是该进入第二阶段了，我称之为"消化"阶段。所谓"消化"，就是将买书的甜酸苦辣、书里的人物掌故写出来，公之于众，独乐何妨众乐，使得自己节衣缩食买来的图书焕发第二春。

胡君成长于北大蔚秀园，供职于高等艺苑，接触的尽是叶浅予、黄胄、李可染、田世光等艺界名流，春风化雨，耳濡目染，胡君的艺术品位自是高出我们一大截。胡君写作很早，文笔又好，谦谦君子，温润如玉，在我看来，胡君只有一个"缺点"——过于低调。换言之，即"安于小"，难免遭到众人的轻视。我与胡君都喜欢张爱玲的名句"在没有人与人交接的场合，我充满了生活的欢悦"。因此，不揣浅陋，我很随意地说了这些不着边际的话。

谢其章

2018 年 12 月 7 日于京西虎尾陋室

自　序

作家张爱玲说:"在没有人与人交接的场合,我充满了生活的欢悦。"这话深契我心,鄙人从小在大人眼里就不是个有机灵劲儿的孩子。用北京话说是,不会来事儿,不会讨人喜欢。长大后,人海浮沉,世道苍茫,与人打交道,一直是我的短板。我喜欢躲在自己的小天地里,"红尘不向门前惹,绿柳偏宜屋角遮"。这片小天地,就是我的集藏世界,从集邮到集书,从买书到读书,古卷青灯,神游古今。"伴我诗,伴我酒,伴我东西南北走,还不嫌我丑"。读书是我寂寞的伴侣,烦闷时的安慰,"世间得失无心问,偶读平生未见书"。在书的世界里,我"充满了生活的欢悦"。

没有功利追求的读书,充满了趣味和快乐,买到的书也必然是五花八门,博杂得很。而买书的过程也充满了趣味和快乐,有时不免为买书而买书了,被人耻笑也是应该的。买书或者说淘书，是我三十多年的癖好，为此搭上了太多的财力和精力，一辆自行车东西城转，翻翻看看，寻寻觅觅，不知不觉中，青春年华已逐渐远去。诗人海子说："面对大河，我无限惭愧。我年华虚度，空有一身疲倦。"这也是我此时此刻的心情。

这本小册子收录了我这些年读书、淘书生活的一些见闻。大部分是近几年发表过的，有一些是更早时候写的，随手找到，也一并收录。因某种机缘，在国家画院讨了三十多年生活。不识丹青，却结有翰墨缘，隔数仞之墙，不见宗庙之美，不识百官之富，宝山空过，惋怅曷已。这三十多年中，文坛寂寞，画坛火爆。鄙人天性愚钝，不能结网捞一把，徒有临渊羡鱼情。几篇有关画院景物和人物的文稿，虽文笔笨拙，但都是出于亲历实感，也一并收入书中，以留雪泥鸿爪耳。

我尊敬的师长邬鸿恩先生是一位很有成就的书法家，可惜去世太早。他曾非常诚恳地对我说："一定要带着问题去读书，读书要有明确的目标，这样才会出成绩。"言外之意我明白。可惜，我知而未能行。三十多年来，浑浑噩噩，时光虚度。所谓读书，亦如狗熊掰棒子，东一榔头，西一棒子，全不成体系。以致老大无成，白发徒增。如今，邬鸿恩先生墓有宿草，南望云天，只有暗自惭愧。

最后，要特别鸣谢吴兴文先生和谢其章兄，没有他们的鼓励和帮助，也就不会有这本书。

目　录

第一辑

我的三十年买书琐忆

　　若是回想我逛书店出手买书，还是要从三十多年前说起。1978 年，我在北京冶金工业学校学习，虽然我对专业不感兴趣，但上学不用交学费，每月还有 25 元的补贴，这个诱惑还是很大的。年少无知，身健脑闲，好奇心重，打发无聊时间就是喜欢逛逛书店，那时候逛书店买书，可没有像现在这样随意阅览，自由自在。当年的书店，不但书的种类少，而且书架都是封闭的，开架售书只是一种奢望。想看什么书还要赔着笑脸，请售货员给你拿。往返几次，就要话难听、脸难看，自己也觉得做错了什么，不好意思再开口了。为避免自寻烦恼，只好隔着柜台引颈呆望，记得当年《读书》杂志上有一幅漫画令人印象很深。画面中一名读者隔着柜台，正小心翼翼地用望远镜观望书架，真是感同身受。这也是那些年书店里很常见的一景。

20世纪70年代末，"文革"刚刚结束，反思"文革"、呼唤人性回归的"伤痕文学"火得不得了，印象中很风行的作者有张贤亮、从维熙、卢新华等人，他们一有新书出版，我往往要转好几个书店，必欲买到而后快。像刘心武的小说《班主任》、宗福先的话剧《于无声处》、周克芹的《许茂和他的女儿们》等，都是很轰动一时的。一大批"重获新生"的古今中外名著，也陆续走上了书店柜台，大受欢迎，供不应求。现在还留在我手边的《子夜》《家》《骆驼祥子》《曹禺剧作选》《红与黑》《战争与和平》等，就是那个时期先在报上看到广告，算好时间，提前到书店排长长的队买到的，排长长的队买书是那个时期街头特有的一景，此后就不可再见到了。

我开始喜欢逛旧书店买旧书，起初是出于经济原因，那时候，就是"文革"前的书也不涨价，照样原价再打折，可以花较少的钱，买更多的书。渐渐地，旧书店那种独有的气味更吸引我。从书中我知道了令人神往的琉璃厂，满怀希望地找到了这个地方，那时这条文化古街，还不是现在这样有堂皇的宫殿式铺面，而是低矮的平房，窄小弯曲的街道，街面寂静得很。有"四旧"之称的古董，已开始变为赚钱创汇的招牌，街上的商店（国营的文物商店）都紧闭门窗，挂着帘子，门外悬有"只供外宾"的醒目小牌。我看着有种很不舒服的感觉，也就没能进去开眼，一头钻进中国书店空旷的大院，这里原来是海王村公园的旧址，一切基本还是老样子，东西两道长廊，正北一座老楼，东、西廊的大门当年还是面向院里开的，货色和别的地方差不多，都是文史类新书，没啥特色。正北的老楼俗称"三门"的地方，门口挂有"机关服务部"的牌子，只好望而却步，很长时间也没能进去瞻仰。我第一次来这里没见到一本真正意义的古旧书，和书中前贤津津乐道的"厂甸""琉璃厂"大相径庭，真是大失所望，以后就很少再来了。

那时候，京城四郊居民进城逛街购物，王府井和西单是必游之地，到王府井除了百货大楼就是东安市场了。余生也晚，我逛东安市场的时候，百年老店与时俱进，叫一个红彤彤的名号——"东风市场"。王府井大街北面路东就是东风市场的大门，进门通道南边有一个厕所，对着的是中国书店的收购部，门总是关着的，橱窗内摆放着一些作为幌子用的古旧书，我每次路过都忍不住望望。再往里走，就可看到规模很大的、南北相对的中国书店东风市场旧书门市部了。南面的门市主要卖外文旧书、画册等，因为不懂，很少进去。北面的门面，说是旧书也很勉强，其实主要是降价打折的新书、二手书等，偶尔也会有不常见的好书出现，因为这里部分是开架卖书，而且不确定会有什么书，所以很吸引我，有一段时间差不多每周都要来几趟，往往买的少，白看的时候多，买的货色今天看当然也不足道，现在还在手中保存的，可以勉强一提的有花几角钱买到的老版钱锺书的精装《宋诗选注》。有一段时间刚刚过时的"法家"著作大量出现，我买过李贽的《藏书》《续藏书》《焚书》《续焚书》《史纲评要》和王夫之的《读通鉴论》等，有些还是带硬纸函套的大字本，花钱不多，摆放在书架上很是壮观。三十多年后想起来，用现在流行的话说是典型的糊墙派做法，说出来会令人不齿的。

沿着市场通道向前走，是卖各种食品水果的，再走，就可以看到通向金鱼胡同的北门了，那里有著名的东来顺等饭馆，还有一家是卖小吃的，这里卖的奶油炸糕非常好吃，以后从未再吃过那样的口味了。当年东风市场内除了中国书店，还有家新华书店，新华书店的位置在市场中间部位，用柜台围起椭圆形一大圈。在市场最南面，有卖工艺品刻印章的，我曾经用不到一元钱的代价，刻过一个寿山石料的名章，钤盖在买来的书上自鸣得意。现在这个章早已不见了，偶然翻出那时买的书，看到当时乱盖的这个名章，虽然幼稚可笑，却为我留下了青春年少的回忆，也觉得很有些意思的。

20 世纪 70 年代建成营业的西单商场新楼，是当年西单大街最豪华的建筑。其实它很简单朴素，被形容像放大的火柴盒，现在也早已改建，看不到原来的模样了。这座新商场大楼南面不远，就是新华书店，这是建于 20 世纪 30 年代的老西单商场第二门市部旧址，高大昏暗的空间充满了一种古旧的气息，进门感到很幽深，穿过新华书店的天地，有一条南北通道，这条通道南边与西单食品商店相连，北边可通曲园酒楼，通道北转弯昏暗处有中国书店西单机关服务部，我曾经大着胆子往里张望过，被人呵斥出来。隔着通道与新华书店正面相对的，就是中国书店西单商场古旧书门市部了，这是隔出来的里外套间，卖的货色和东风市场见到的差不多，以打折廉价的新旧书为主，基本看不到 1949 年之前的书，更别提什么古书了，我曾经在这里买到过的老商务版的《经传释词》已经算是奇遇了，大多是范文澜的《中国通史简编》、郭沫若的《中国史稿》等货色。记得曾买到的第一本"古旧书"，是民国商务版的丛书集成另种，发行人的名字和出版纪年都被浓墨涂盖，对着阳光破解，还是不明就里，当时让我很是疑惑，多年后才明白，被涂盖的是"王云五"和"中华民国"字样，现在想起来真是可笑得很。

那几年，我杂七杂八买了不少闲书，但真正的古旧书却没有遇到过。老辈学人津津乐道的所谓"东西两场"旧书肆，我自然不会赶上，当年这两个地方还都有中国书店古旧书门市部，勉强看作两场旧书肆的遗绪墨痕也可以吧，如今这点墨痕也被金钱风刮得无影无踪了。买书是我当年唯一的癖好，为此搭上了太多的时间和精力，一辆自行车东西城串，翻翻看看，寻寻觅觅，不知不觉中，青春年华已逐渐远去。

从学校毕业后，我同一切常人一样，工作、结婚，先顾嘴后顾家，奔走衣食，有好多年没有再顾上买书、逛书店。等生活粗定，有余闲，有余钱，可以再逛书店了，已是20世纪80年代末90年代初，此时市场经济的风越刮越猛，海王村古旧书店、海淀古旧书一条街等相继开业，各门店也有古旧书摆上柜台，还有遍地开花的旧书摊，我这样的普通人也可以眼看手摸古旧书了。这个时候古旧书的价格尚平实，咬咬牙、垫垫脚还能买得起，得其一二捧回家，珍而藏之，其乐自知。那个时期真是淘古旧书的黄金时光，我着实过了一把淘书瘾。

有一段时间，海淀旧书店从四川收购来一批古旧书，机缘凑泊我也买到一点新文学初版本，如《春蚕》《红烛》《死水》等，这些书当时并不热门，买的人很少。我曾邂逅姜德明先生，他是闻讯赶来买新文学书的，他说买书越买越是无底洞，真是过来人说的明白话，到现在我还记忆犹新。总有十多年吧，我每星期至少要来海淀报到一次，往往要消磨好几个小时，这里曾经是我很留恋的地方。和这里先后卖旧书的徐元勋、蒲立飞、马彦杰等都有不错的交往，我们之间不是冷冰冰的买卖关系，而是留下了很难忘的回忆。

因为我离琉璃厂较远，平时去的不多，但中国书店每年在这里办的古籍书市，我是逢集必赶。书市期间各门店都在此设摊，重头戏是收购科的线装残书摊，别小看这些古籍残书，往往东西神秘，充满想象空间，价钱便宜得又近乎白给。一元一本的价格，现在看来真是神话一般，每场都要引来抢购的人潮，开门几分钟的工夫战斗就结束了，抢书的场景用惊心动魄形容都不为过。套句俗得不能再俗的媒体形容语，古籍书市是当年琉璃厂一道亮丽的风景线。

我生性腼腆，与人争强斗胜是我的弱项，而且杂七杂八、长短不一的残本，当时觉得意思也不大，买的并不多。回忆那几年我在书市买残书的收获，仅有清康熙精刊《通志堂经解》另种，还颇可一谈，黄蜡笺书衣，原装原刻原印，是丁福保的旧藏，钤盖"曾藏丁福保家"等印记。此外还有明末《汉魏百三家集》另种等，单种书都是全的，其实这些丛书零种是不好以残书看待的。辛德勇先生在《买残书》一文中，记述了他那几年在书市的所得，人弃我取，要有坚实的学识为基础，这只能令人艳羡，否则，弄一堆垃圾回家，也意思不大。据说有人有从残书堆中挑出过元版和明初黑口本的"美人投怀"的艳遇，我是见都没见过。只说我目睹过的一位朋友的奇缘，他从不随人抢残本古籍，躲着走，因为太惊险了。有一次他来得很晚，海王村二楼平台上抢书战斗已经结束，偌大的台案上，早已空空荡荡，也许是心血来潮，或者是触景生情，反正他鬼使神差地弯下了腰，顺手捡起一本掉在地上的书，这是刚才抢书战斗的遗撒物，谁也没有在意。他漫不经心地拿起来翻了翻，发现这是鲁迅祖父周福清的诗集，周作人的一段题跋赫然入目，代价仅一元钱，这样的奇遇只能用佛家讲的定命和前缘来解释了。

我大多时候在收购科另一个书摊上，这里卖的书都是全的，按质定价，相对一元一本的残书显得贵了许多，所以这里的竞争就平和得多，许多书今天看来仍然是白给一样。某次我见架上有一摞书，是雍正铜活字本《古今图书集成》另种，定价 50 元，就那么随便摆着，我买了一本《时令中秋》卷，觉得还有点意思。郑振铎手书上版《西谛所藏善本戏曲目录》民国蓝印本，定价 60 元，同时出现三本，我选了一本品相好的。清末隆福寺聚珍堂木活字《蟋蟀谱》，定价 15 元，也是同时出现好几本。这些事说起来真如白头宫女说开元遗事，只能是追忆了。

某次书市，因为抢残书的人太多，秩序太乱，都惊动了公安人员，于是主办方采取排队买残书的办法，排一次队每人可领书一捆，挑选之后再到收款台点数交款，以此来解决哄抢的现象。

也是在20世纪90年代初吧，不知道从哪里刮来了一阵风，北京城一下子出现了许多"跳蚤市场"。其实"跳蚤市场"并不是什么新生事物，在中国也是古已有之了，老北京的晓市就很有些类似。交点管理费，谁都可以进场摆摊，杂七杂八卖什么的都有，前辈学人念兹在兹的旧书摊，在经过社会主义改造而中断了几十年后，终于随着"跳蚤市场"的出现得到了复兴，它的出现打破了中国书店独家垄断旧书市场的格局。当年北京旧书摊比较著名的地方有中关村、地坛、后海、潘家园、报国寺和北大周边等地。一到周末，天刚蒙蒙亮，书摊就摆满了一大溜，张中行先生形容逛书摊犹如钓鱼，钓到多大的鱼，都是未知数，这就充满了一种期待，况且这里的书都非常便宜，如我买到的《围城》初版定价3元、《猛虎集》初版定价2元等。我在书摊上买到的周作人签赠平白的《药堂杂文》初版本，也所费无几。我还曾买到过一摞油印线装《春游琐谈》，回家发现里面还夹带一幅张伯驹手札，真是意外之喜。早期的旧书摊，摊主都是以书的薄厚论价，其他一概不管，所以廉价买到好书的机会就很多，逐渐吸引各方淘书客摩肩接踵，热闹得不得了。许川和宏明等大侠，都是早期旧书摊上的豪客，无论古籍碑帖、旧平装、旧杂志、旧照片、信札等，凡是旧的东西都通通拿下，从不还价，很受摊主的欢迎。许川英年早逝，他身后藏品流散，造就了一些藏书家和大书商，有的以此成了名，有的以此发了财，流传出许多潘家园传奇故事。

董桥说："买到一部新书，似乎说不上偶得，在旧书铺

《药堂杂文》

里捡出喜欢的书买了回去，这才允称偶得，前者是花钱谁都可以买到的，是理所当然的事，后者平添一份喜出望外的乐趣。"逛旧书摊买到自己心仪的好书，或说是捡了漏，并不是因为占了多大便宜而高兴，而是因为众里寻她千百度的乐趣，是花多少钱都买不来的。

逛书摊更多的时候，都是满怀希望而去，梦断铩羽而归，只落得一身疲倦，两手尘土。当年常逛旧书摊时，我结识了许多好朋友，如谢其章、赵国忠、柯卫东等，我们互相勉励"买到是运气，买不到是运动"，本着"有枣没枣打一竿子"的心态，每周总要在市场上见面，比着看谁来得更早，披星戴月，只争朝夕，根本没有那种负手对冷摊的闲趣可言。常常几圈溜下来，天光也大亮了。我们很自然地聚到一起相互品评彼此买到的东西，如果意犹未尽，还要鼓起余勇结伴再逛东西城的中国书店。如今我们不再起大早逛书摊了，工作生活各自忙，见一面都不容易。想起那些年逛书摊的时光还是很让人怀念的。

进入新世纪后，拍卖会成为古旧书价格的风向标，大资金的介入使古旧书逐渐走向了另一个极端，如过去很常见的内府本《资政要览》，现在都要十几万的价钱，真是出人意料，古旧书再一次远离了以工薪收入为生的普通人。近来我也不再买古旧书了，因为家道中变，有些辛苦得来的藏书，先后化为烟云之散，虽无李后主去国之痛，但自我得之、自我失之，想起来也是很伤感的。我买书可谓漫无目的，既无家学又无师承，兴之所至，捡到篮子里都是菜。虽然眼力和财力决定了我买到的书不会有什么好东西，但自有一种乐趣在。为买书节衣缩食，茹苦含辛，冷暖自知。但我并不感觉苦，如果买到一两本可意的书，回到家中，迫不及待地打开书本，看目录，翻序跋，直到夜阑人静也不罢手，只觉疲倦尽失，灯火可亲，所谓好者为乐是也。

周作人先生在《药堂语录》后记中说："近年来多读旧书，取其较易得，价亦较西书为稍廉耳。至其用处则不甚庄严，大抵只以代博弈，或当作纸烟，聊以遣时日而已。"我不敢妄攀前贤，只是想说奔走书肆几十年，聊以遣时日而已，终于老大无成。

这简儿权作言儿代

——集藏旧笺纸老信封

回想我们"生在新中国,长在红旗下",在"三大革命"中锻炼成长的一代人,过去哪里听说过,甚至见过什么笺纸,在那些岁月里,老一辈文化人的信札都是用常见的信纸甚或是小学生作文本裁下的散页。带有趣味性的笺纸,是没落地主阶级的闲情逸致,是"封资修"的"四旧"之物,毁之唯恐不及。时移则事异,进入20世纪80年代,思想解放,社会生活多样化了,工作之余跑跑旧书摊,我顺手也买回了一些旧日老笺纸、老信封来,对于这些来自遥远的"旧社会"的东西,我感到很震惊,原来我们中国人的生活是那样的雅致,斗争的哲学不是我们民族的传统。我就更喜欢上了这些承载着旧日文化的老笺纸、老信封了。

现在赏玩收藏旧笺纸,甚至有人用传统方法自制笺纸,已在一些人群中很受追捧，笺纸更是拍卖会上的热门货，每每要拍出大价来。商品味越来越浓了，世事无常，只能笑对。

尝读民国老一辈人的淘书文章，那种负手对冷摊的意趣，令人低回不已。20世纪80年代开办的琉璃厂古籍书市，散布在京城各处新兴（其实是复兴）的旧书市场，恍如时光倒转，好像回到了那些老民国人物的淘书行列中去了，我有幸厕身其中过了一把淘书瘾。说实话，我逛摊阅肆是漫无目的的，喜欢的不单是古籍旧书，其他杂项包括笺纸、老信封、旧邮等，这些都是集藏的对象。本着趣味第一、见好就收的原则，幸亏我动手较早，没刻意追，没花大代价，基本是"搂草打兔子"捎带手，也积存了一些。郑振铎《访笺杂记》的时代已经过去，笺纸作为"四旧"的劫余之物，往往混迹于荒摊冷肆中，逛摊就要眼到、手到、腿到，不经意间往往就有意外的收获。我所收藏的这些精美老笺纸、老信封，都是那些年淘书之余觉得好玩买下的，所谓"偶得"之乐，此之谓也。

未使用过的空白古旧信封、信笺，它们多用传统的饾版拱花技法印刷。饾版拱花是我国传统版画艺术的一种表现形式。郑振铎先生说："我国彩色木刻画具浓厚之民族形式，作风康健、晴明，或恬静若夕阳之明水，或疏朗开阔若秋日之晴空，或清丽若云林之拳石小景，或精致细腻若天方建筑之图饰，隽逸深远，温柔敦厚，而备具古典美之特色。"笺纸、信封上的图案丰富，有山水花鸟人物、吉祥词句等，汉瓦周壶铭文者，古色生香，从中可见古人生活的意趣。欣赏这样的老信封，看重的是封面上的精美图案，静静领略旧时月色的沧桑。

所谓大幅为纸，小幅为笺。笺纸是以传统的雕版印刷方法，在宣纸上印以精美浅淡的图饰，主要用作文人雅士题写传抄诗作，或书札往来的纸张，以收赏心悦目、图文并茂之效。传统信笺纸有"彩笺""花笺""锦笺"等美名，在上面写诗，就是诗笺，而以之写信，则谓之书笺。把写好的信，放入信封内，就是完整书信或称信件。我国传统社会有书、简、笺、牍、札、素、函等。在现代拍卖场上，有着古版画之美的笺纸、信封，多归属于古籍善本类。

我收藏的木刻古信封中，有的封面上是一句平实而真情的话，如"除纸笔代喉舌千种相思向谁说""这简儿权作言儿代""尺素书""开封见喜""宜子孙"等，很有古典美的韵味，道出了书信的作用和意义。烽火连三月，家书抵万金，承平时代的人们很难体会个中滋味。

在纸还没有发明前，古人的书信常用白绢来写，长约一尺左右，称为"尺素"，所以书信又称"尺素书"。家书又称为尺牍、尺素、书札、书牍、简札等。古人除了用绢、布写信外，还把信写在竹、木片上，因为竹片称为"简"，木片称为"札"或"牍"，所以书信又称"书简""书札""书牍""简札""简牍"。"简札"的长度和素绢一样，都取一尺，因而书信亦称"尺牍""尺牒""尺书"。例如，白居易诗句云："白日里胥方到门，手持尺牒榜乡村。"岑参诗云："相思难见面，时展尺书看。"

相传，三国吴人葛玄与河伯书信往还，就令鲤鱼充当信使，然后烹鱼得书。唐人孟浩然的诗说得很明白："尺书如不答，还望鲤鱼传。"汉代乐府诗《饮马长城窟行》，曰："客从远方来，遗我双鲤鱼。呼儿烹鲤鱼，中有尺素书。长跪读素书，书中竟何如？上言加餐饭，下言长相忆。"因这首烹鱼得书的乐府诗，铺衍出了鲤鱼传书的故事。

烹鲤鱼是古人用比兴的手法对拆书函的形象描绘。远古的这种信封，用两块鱼形木板做成，解绳开函，便可看到用素帛写的书信。这种鲤鱼形的木板信封沿袭很久，一直到唐代还有仿制。后来开始出现厚茧纸制作的信函，据说也是形若鲤鱼，两面俱画鳞甲，腹中可以放书信，名曰"鲤鱼函"。因之，信函在诗文中往往被雅称为"鱼函""鲤封"。书信也叫"鱼书"，信使也被称之为"鱼雁"。唐代诗人王昌龄有诗曰："手携双鲤鱼，目送千里雁。"这里说的"双鲤鱼"，并非真是手握两条鲤鱼，呆看大雁，而是形若鲤鱼的信函，在此用鱼雁代称书信，有怀人相思之意。李商隐有诗曰："嵩云秦树久离居，双鲤迢迢一纸书。"这里的"双鲤"，也是指的信函。

在古人的传说中，不但鲤鱼能传书，大雁也能传书。故信使又被雅称为"鱼雁""鸿鳞"。鸿雁传书的故事，典出《汉书·苏武传》。据载，苏武出使匈奴十九年不得归，匈奴人诡称苏武已死。汉使至匈奴，探得苏武消息，往见单于，称天子射猎于长安上林苑，得一雁，足系苏武带去的帛书，知道尚在人间。京剧《武家坡》中薛仁贵不也是射下了大雁，才看到了三姐带去的思念吗？宋人秦观有"驿寄梅花，鱼传尺素，砌成此恨无重数。郴江幸自绕郴山，为谁流下潇湘去？"的词句。再如，清代纳兰性德《采桑子·白衣裳凭朱阑立》："残更目断传书雁，尺素还稀。一味相思，准拟相看似旧时。"这样缠绵悱恻的词句，来源于美好浪漫的传说，产生出千古传咏的心灵感应。如果不了解鱼雁故事，也就无法解读欣赏了。

清朝末年，我国仿效西方现代邮政制度，创办国家邮政，发行的第一套正式邮票中，角数面值的邮票是鲤鱼图案，元数面值的是飞雁，这也是来源于"鱼雁传书"的故事。书信曾经是人们情感联系的寄托，现在互联网迅速发展，书信形式已在人们的生活中日渐式微了，思之不无感叹。

笺纸虽尺幅不大，却集诗词、书法、绘画、篆刻于一体，具有国画的韵味。或清新淡雅，或古朴凝重，使得人们在阅读诗词或书信的同时得到一种视觉上的美感，因此，备受旧时文人雅士的喜爱。早在明末就有人将没有使用过的空白笺纸，汇印成《萝轩变古笺谱》和《十竹斋笺谱》。

郑振铎先生在荣宝斋复刻《十竹斋笺谱》前言中说："中国木刻画始见于公元868年，较欧洲早五百四十余年。彩色木刻画则于16世纪末已流行于世，至17世纪而大为发达，饾板、拱花之术相继发明，亦有先以墨色线条勾勒人物、山水、花卉之轮廓，而复套印彩色者，但总以仿北宋人没骨画法者为主，雅丽工致，旷古无伦，与当时之绘画作风血脉相通。十竹斋所镌《画谱》《笺谱》尤为集其大成，臻彩色木刻画最精至美之境。十竹斋主人为徽人胡正言，正言字曰从，流寓金陵，以制笺、篆印为业，时亦出版他种图籍，寿至九十以上。《笺谱》印行于明崇祯十七年，即公元1644年，迄三百余载，传本至为罕见，予尝于王孝慈先生许一遇之，时方与鲁迅先生编《北平笺谱》，知燕京刻工足胜复印之责，遂假得之付荣宝斋重刻，时历七载，乃克毕功，鲁迅、孝慈二先生均不及见其成矣。"郑振铎先生是我素所尊崇的前辈，是他经过不懈的努力，将不被传统社会所重的版画提升到艺术和学术高度。我有幸保存他1958年去世当年"得于东安市场旧书摊"的签名本，这是我几十年淘书生涯的很好纪念。

于20世纪80年代末在京城复兴的旧书摊也是百货杂集，逛摊的人各有其目标。集邮朋友追捧的那种老实寄信的信封，是围绕着邮政展开的，要求票封戳完整、邮路特殊等，空白信封则往往轻视之。所以，如果机缘凑泊，花费不多，从集邮市场中更能找到机会，我收藏的许多漂亮的古老饾版空白信封，就是这样得来的。

我之前一位一起逛摊淘书的朋友吴立新，在报国寺文化市场一个专卖集邮品的摊上，以每张两元的低价，买到过几十张俞平伯先生手书实寄明信片，就是因为都是普通的普九邮政片，集邮朋友觉得意思不大，吴立新才得以捡漏获宝。我另一位书友柯卫东兄闻讯，第二个星期四再探报国寺集邮摊，功夫不负有心人，也得到了两枚"漏网之鱼"。柯兄在《冷摊夺魂记》中有很传神的记述："星期四抱着希望和失望一早就去了，在后殿前空场各摊中寻了很久，最后终于找到了，那是个三十来岁的外地摊贩，经常在报国寺摆摊。在摊上东翻西找，没有一片是俞平伯的，只有章元善和其他什么人的。这时胡兄也来了，两人蹲在摊前，嘀嘀咕咕，摊主则目光闪烁。没奈何，最后只好各挑了一两张，所谓遮遮眼，聊胜于无。付完很少的钱，起来要走的时候，摊主忽然说：'这里还有两张，要不要？'我赶紧接过来看，这两张都是俞平伯的。"这两位书友得宝捡漏，我都是亲历者，岁月如流，不觉已是二十年前的往事了。

柯兄所得，其中有一张是俞平伯先生八十四岁时的自作诗稿，是作者对自己一生的概括，诗不见著录，从中可见前辈学人的风范，价值极高，值得再抄录一遍："窃谓儒门首句一语尽之，不必更有自传矣。"以下括弧文字是作者自注："儒门弟子僧坊育（儿时寄名于苏州塔倪巷宝积寺日福庆），四夏三冬勤苦读（坐书房七年），人天道理都难讲（牡丹亭句），衰梦魔君唤我叔（论语，甚矣吾衰也，吾不复梦见周公，久矣。魔云，是个熟熟，熟熟叔叔，南音宛然在耳，可异）。"

说了别人的收获，再说说我买到的有意思的东西，如近代著名藏书家刘承干在1927年寄给贺葆真的实寄信封。这张信封从集邮角度看价值不大，是常见的贴帆船票，南浔到北平的普通实寄封，收寄戳、投递戳都不清楚。所以此信封才能让我以几十元的价格，从报国寺一个专营集邮品的店铺中得来。再换个角度看，就很有意思了，刘承干使用的是自制的木刻信封，封面有"钦若嘉业"四字，这源于清废帝宣统所颁赠的匾额，刘承干故以嘉业堂命名其藏书楼。收信人贺葆真，是晚清古文大家贺涛之子，民国"武强贺氏"的刊本，藏书者都不会陌生，就是此人所刊刻。河北武强县贺氏家族，从清乾隆年间开始到民国时期，是一直绵延不断的世家大族，可谓书香继世长。从贺葆真祖父贺锡璜开始，迁居河北故城县，在此置业生活了四代人，贺氏家族从贺锡璜开始，有三代人去世后，都埋葬在故城县尹里村。所以，说他为故城人也不为过。贺葆真有两个侄子非常有名，哥哥贺翊新，老北大出身，1949年后，东渡台湾教书育人，担任台北建中的校长，北大精神得以薪火相传。弟弟贺培新，以书法篆刻名世，留在北京。1949年3月将其家族几世累积的图书文物捐献给政府，有"新中国捐献第一人"之称。

故城县是我的祖籍，买到贺葆真的实寄封，想到他与故城扯不断的关系，不免有乡曲之见，感到很亲切，自然也就很喜欢。藏海无涯而钱有限，收藏常常要节衣缩食，生活上只能顾此失彼，其茹苦含辛，冷暖自知。

海淀旧书肆忆往

近日从网上看到一篇报道，标题是"海淀图书城即将翻篇"。"曾经的图书一条街现在已被各类创新工场和孵化基地所取代。昔日为北京人所熟知的海淀文化地标之一的海淀图书城即将成为历史。二十四年的图书城历史就此结束。"还配有人去楼空的照片，更添几分萧瑟。看看日期，这已是去年的事了。自从整个海淀镇大拆大建之后，古镇和京西稻、万泉河一样都已成为历史。图书城的将要"翻篇"，也是意料中的事，所以我也并没有什么失落感。这里变得越来越陌生了，自然今昔之感是难免的。

海淀有文字记载的历史有近八百年了，称为古镇，可谓实至名归。这里是我非常熟悉的地方，20世纪50年代末，我家从河北故乡移居北京大学，买东西逛街就要到海淀镇。一直到80年代，古镇风貌依旧，尚可感受往日的繁华。

那时候的海淀镇，老虎洞、北大街、南大街都是店铺集中的商业街，吃穿用样样俱全，街面上人不多，简单朴实。海淀顾名思义是鱼米之乡，出产京西稻米和北京田鸭，这里不但风光秀丽似江南水乡，还是著名的文教区。近代以来，海淀镇周边先后出现了燕京大学和清华大学，1949 年之后北京大学和中国科学院也落户到这里。但海淀镇过去却没有什么书店，很长一段时期，海淀唯一的书店是位于北大街的新华书店。20 世纪 70 年代末迎来了"科学的春天"，海淀新华书店很是热闹了一阵，排长队买书的情景令人印象很深，我也曾是这条长队中的一员。

在燕京大学教授邓之诚的日记中，没有在海淀购书的记录，他那时候几乎每个星期都要进城去琉璃厂隆福寺逛书店买书，或者是城里旧书店的伙计骑车送书上门。朱自清先生有一篇文章讲述旧书店伙计送书上门要小把戏的趣事，很有意思，那是战前朱自清先生住在清华园的往事了。这可以说明过去的海淀，还是郊野乡镇。直到 20 世纪 80 年代初，才有了一家旧书店，当然这也是国营中国书店旗下的。它开始时位于南大街一个院子里，门面不大，附设收购部，收售旧书，印象中还是以卖降价书为主。我不记得在这里买到过什么了，和店员聊天得知，他们属于西城中国书店管理，没过多长时间就关张大吉了。

海淀成为继琉璃厂之后北京最大的古旧书销售点，是到 20 世纪 90 年代初海淀文化街落成之后的事了。海淀文化街名曰文化街，其实全是卖书的，当然主要是新书，所以又有一个很写实的名称，叫"海淀图书城"。这可是当年北京市重点文化工程。图书城位于海淀传统商业街北大街，出产著名的海淀"莲花白"的老字号仁和酒家原来就在这条街上。为建这座图书城，仁和酒家和其他许多便民的店铺商号随整条大街都被拆光了，图书城的建设开了海淀古镇大拆大建之先河。

海淀文化街是南北走向，主要由东西相对两座不中不西的楼房组成。中国书店除了在路西楼下一层有间正规门面房外，所谓的"古书一条街"，是占用东面"籍海楼"底层走廊改建的，这是类似广州骑河楼形式的走廊，很有特色，可惜从建成之日起就改变了用途。为建这条"古书一条街"，据中国书店老人周岩说："市政府拨专款 70 万，海淀区政府负责提供近 200 平方米营业用房，中国书店总店在资金、设备、古旧书刊货源以及人力方面给予大力支持。"开业之初，果然气度不凡，壮观的古书一条街，拥有六个专业门市部，海淀一跃成为琉璃厂第二、京城爱书一族必逛的景点。和有深厚历史积淀、自然形成的老琉璃厂不同，古旧书一条街与整个图书城一样，是典型的政府工程、政绩工程。命中注定"其兴也勃焉"，也就不免"其亡也忽焉"了。

记得开街当日，就像某个小品中宋丹丹渲染的那样，"那阵势，锣鼓喧天，彩旗招展"，好不热闹。照例要有盛大的仪式，由来宾中最大的领导北京市副市长何鲁丽讲话剪彩。我躬逢其盛，远远地站立等待，早已不记得她说了什么了。

此后大约有十多年吧，这里好像有什么磁力吸引着我，每星期至少要来逛一趟，勤的时候，几乎天天必到，犹如上班点卯。当年我正处在奇穷之乡，点金乏术，用钱的地方多，来钱的路子少。想起来，虽然跑得勤，大多是空耗时光，所得无几。语曰，常在河边走哪有不湿鞋的，机缘凑泊也买到过现在看来近于白给的书。记得在这里最先买到的是清末暖红室本《西厢记》，地道的原刻原印，"曲儿甜，腔儿雅，裁剪就雪月风花"的《西厢记》素为我所心系，那几幅典雅的木刻插图，更觉得古趣可爱，定价80元，让我一时犹豫不决，最后"惜书之癖"还是战胜了"惜钱之癖"。虽然书刻比较晚近，但到现在我还是很珍视、很喜欢的。又如，仍存于架上的顺治包背装《资政要览》，就是震于武英殿的大名，破悭囊100元买到的。

晚清词人况周颐诗云："梦凤箫楼重回首，暖红兰室两同心。词场楼指《阳春》曲，几见知音在瑟琴。"其下注曰："先生刻书，多与夫人合校。德配江宁傅偶葱夫人春微，字小凤；继配江宁傅俪葱春姗，字小红（晓虹）。梦凤楼、暖红室所由名。"机缘那么巧，我在这里还买到过暖红室女主人傅春姗亲手景摹的《明清戏曲图册》，闺秀手泽，自是可爱，灯下晤对，令人低徊遐想。

寿石工自刊本《珷庵词》，民国时期北平刻书名店文楷斋刻印，包括《枯桐怨语》《消息词》两部分，刻印精绝。我先后得到过红印本、墨印本两种，墨印本尚是寿石工给名家杨云史的题赠本。寿石工是浙江绍兴人，生长在山西，久居北京。名玺，也作寿鉥，字石工。寿石工的字号繁多是出了名的，江南血统的他竟然不能吃鱼，其斋名即称"不食鱼斋"，寿石工与周氏兄弟是同乡，和三味书屋主人寿镜吾是本家。他从没有回过故乡，也不会乡音。周作人回忆说，当年他在北京，来往密切的同乡画家朋友有寿石工和陈半丁，但是他们三人相聚聊天，却是南腔北调。

20世纪90年代初海淀旧书长廊，除了中国书店库房大楼供应货源外，他们自己又广开货源，从四川、重庆收购来一大批古旧书，据说是把重庆古籍书店的库底子整体都端了，数量以多少集装箱计。重庆是民国战时的陪都，所以民国旧平装书是为大宗。当年海淀书店收的这批旧书，卖了多少年后，剩余的又跟随梁经理到琉璃厂邃雅斋，居然还有大量面世，可见当年收购数量之巨，不是虚言。

我也从中买到过新文学初版本，如《春蚕》《红烛》《死水》等，当时民国书并不热门，开始买的人很少。平静的时光里，我可以从容地翻翻看看、挑挑拣拣，也不着急，买的也不多。很快平静就被打破，不久突然出现书林豪客，把像样点的民国旧书都捆载而去，淘书也变成了战斗，要斗智斗勇，这是后话。在这里买新文学版本书曾邂逅姜德明先生，他对我说买书越买越是无底洞，姜先生是老一辈的藏书家，这是过来人说的明白话，一直记忆犹新。

到90年代后期，经过一次书刊资料拍卖会后，海淀旧书店的古旧书价格开始腾飞，相反的是品种数量越来越少了。有一次店里拿出一些民国杂志，标价奇昂，创刊号要300元一册，许久也没见人买。一天，我逛完中关村旧书早市，余兴未了，和谢其章骑车又到海淀旧书店巡访。一进门，谢其章像发现了新大陆，不管不顾，把民国老杂志都拢在手边，连说难得，记得其中有《六艺》《新文化》等，这样的豪举震惊了店家，他们把他敬为豪客，连忙搬来椅子，享受坐下来选书的待遇。以后，我单独逛这家书店时，店家还多次向我打听，谢先生怎么没来呀？好事不长，谢先生的豪举记录很快就被打破，坐下来选书的待遇也随之取消了。

多年淘书，虽所获无多，但是结识了一些像谢其章、赵国忠、柯卫东等这样的好朋友，我们因书结缘，获得的情谊却是非常珍贵难得的。我们都在这里同场竞技，留下过许多欢笑，也留下过悔恨，现在旧书已不可得，亦无复当年之豪兴。一年中难得再聚会一次，想起来不无惆怅。

那几年，因为有共同的兴趣，在海淀旧书店和辛德勇先生常常碰面，时间一长，也就比较熟了。辛德勇先生在新出版的《蒐书记》中，列举他那几年逛旧书肆披沙拣金的往事，令观者艳羡。其中，有些事我都是旁观者、见证人，更是别有一番滋味。如他在《买残书》中说到的，"所得清人张尚瑗著《三传折诸》，为四库全书底本，四库馆臣是以雍正元年原刻本为底本，在上面肆意涂抹，凡是引述钱谦益文字的地方，一概径行掩去钱氏姓名，清修四库全书之恶劣荒唐，这是个很典型的实例"。此书就是他在海淀旧书店买到的，当时书摆在书架上，不全，三册标价几十元，我和唐海曾取下翻看过，觉得是经部，书又不全，当时书市上残书才一元一册，所以都决定不要。不久后，到北大燕南园辛德勇先生寓所拜访，他拿出这三本残书，指出亮点，我才恍然大悟，不能不佩服辛先生的博学才识。人弃我取这是淘书之乐的最高境界，绝非拍卖场上争强比胜所能体会到的。买古旧书要有知识储备，还要有名师指点，否则好东西摆在面前，也不免当面错过。现在更重要的是要有用不完的钱，可惜这些我都缺乏。俗情如梦，这样的教训很多，可以写篇很长的淘书记悔之类的文章了。

"夕阳西下，微飔吹衣，访得久觅方得之书，挟之而归，是人生一乐也。"这是前人淘书的意境，是很令人神往的。1996年之前，古旧书市场虽暗潮涌动，但表面还比较平静。平时来买书的人不多，还可以从容翻捡。之后风云突变，随着古籍进入拍卖市场，逛书店淘书之乐，一去不复返了。杨成凯先生很形象地描述了当年旧书店的实况："一批古书上市，只见一群人一拥而上，一起下手，风卷残云一般，书架上空了一半。买书本来是雅事，现在几乎是抢书、争书。你不大显神通，不抖落出几手绝活来，雅的和不雅的，给人瞧瞧，休想买到一本像样子的书。"非亲身经历者，是写不出这样的文字的。他感叹道："中国的古书市场几百年来第一次出现了空前的买书难。"现在这样的感叹也过时了，买古书要上拍卖场，不管你适应不适应，这就是市场经济，这就是资本运作。

海淀中国书店"古书一条街"开张后，徐元勋先生从虎坊桥大库调到这里主持古书业务，辛德勇先生称他是"重行规，尚义气""颇深于书"的卖书人，这确实是中肯的评价。他是1949年之前在琉璃厂贩书的老人，在他身上依稀可以感觉到老辈人待人接物的品行。那几年，我把逛旧书店当作寻找生活乐趣的地方，以徐师傅的阅历，他一眼就看穿我既不是买主又是个"死心眼"，从没向我推荐过书，也从不催问我要什么，任凭我随意翻捡，买与不买，他都很客气，从没让我感到有什么心理压力，他是懂得古旧书趣味的人，知道淘古旧书和买新书完全不一样，享受的就是寻寻觅觅的过程。没过几年徐元勋先生退休了，在潘家园和后海，我多次遇到过他，彼此仍感到很亲切。

徐元勋退休后，跟他学徒的蒲立飞接了班，他好学肯问，待人有其师之风。不知因为什么，他没干多久就调走了，据说是调到大库工作，后来果然在琉璃厂书市大楼的摊位上见到过他。不久，听说他又调走了，从此就断了消息，蒲立飞年轻好学，为人老实不势利，我在那几年海淀淘书过程中与他有不错的交往，彼此不是冷冰冰的买卖关系，留下了很温馨的回忆。以后，海淀旧书店卖书的人和书，都发生了很大的变化，再也没有以前的味道了，我也就很少再逛这家旧书店了。

回想那些年巡阅旧书肆，有乐亦有苦。看到喜欢的书，而又力不能至，买与不买，非常纠结，看中的书如果被人买走不见了，则往往要数日不快。个中滋味，如鱼饮水，冷暖自知。

北京新街口旧书店忆往

　　北京新街口在京城，虽不如王府井、西单名气大，但也是百货杂集，基本上买啥有啥。在过去，这里都算是繁华的地方。新街口丁字路口西，有一家旧书店，隔街斜对着是一家新华书店。有一段时间，我每星期都要来这里几次，先到新华书店看看，然后就逛这家旧书店，这里曾经是我很留恋的地方。

　　我从20世纪70年代开始，先上学，后工作，都离这里不远，买东西图方便，新街口常来常往。记得当年热门电影《三笑》《少林寺》等，都是在新街口工人俱乐部（现在叫影剧院）看的。那时候，北京人要想吃口羊肉泡馍，就得奔这里知名的老字号"西安饭庄"来。当年新街口老字号"新川面馆"，也是京城独一份。不像现在，全城开连锁店，口味不如以前自不必说，那种独一份的神秘感也荡然无存了。

新街口有北京最富诗意的胡同"百花深处"。老舍先生就出生在附近的小羊圈胡同，这条胡同，你不留神还真找不到。1919年有两位绍兴人也来到这里，在新街口八道湾胡同买房定居。周作人先生在这里生活了近五十年，多少近代文化史上响当当的人物，都在这里留下过足迹。所以说新街口有很浓厚的文化底蕴。

回来再说说这家旧书店，准确点说应该叫中国书店新街口门市部。它开设得比较晚，据说，在公私合营前，这是一家私营糕点铺，字号叫"增庆斋"，前店后厂，自产自销。该店专门制作北京特有的大小八件，如枣花饼、萨其马、芙蓉糕、蜜供等，当年也是名动京城。现在糕点铺改成书店，卖精神食粮了。这家有着百年历史的老门面，保存很完整，别具老北京特色。后来书店装修改造，没有整旧如旧，而是与时俱进，变成不中不洋的四不像的仿古建筑了，形神具失，真是可惜得很。类似情况还有隆福寺书店和前门书店的门面改造，老门脸儿改造后，变成了非驴非马，要多难看有多难看。

新街口旧书店好像是从西单商场拆迁过来的，开始还有许多店员都是在西单见过的熟面孔。西单商场和东安市场，过去号称"东西两场"，是民国时期水平有名的旧书市场，民国时期何挹彭的《东西两场访书记》，道尽了那个时候旧书业的繁盛。20 世纪 70 年代，我上学的时候也逛过西单商场的古旧书门市部，那是建于新中国成立前的老西单商场，高大昏暗的空间充满了一种古旧的气息，进门先是新华书店的天地，穿过新华书店有一条南北通道，隔着通道，正对着就是有里外套间的西单商场古旧书门市部了。这条通道南边与食品商店相连，北边可通曲园酒楼，记得向北转弯昏暗处是中国书店西单商场机关服务部。80 年代初老西单商场全部拆除，建成时尚的华威大厦了。

新街口旧书店和京城其他古旧书店一样，货色以新书和新旧书为主，但也总有两三书架古旧书应市。我记得以前是两位老师傅管理古旧书收售业务，一位姓高，另一位好像姓刘，为人低调，待人和蔼。印象中他们话不多，总是一身蓝涤卡制服，布鞋布帽，一双蓝套袖。刘师傅好像是退休返聘的，花白头发，话不多，说话总带着憨厚的笑容。另一位眼睛不太好，有点斜视，让人感觉是心不在焉的样子。书店的西南角被书架隔离出来，用作收购部和库房，里面灯光昏暗，他们好像永远都在后面忙着什么，感觉很神秘。有时向他们打听什么书，过一段时间自己都忘记这事了，他们还总记得，当你到店闲逛时，他们每每从里面把书拿出来，给你一个惊喜。慢慢地，时间一长，彼此都熟悉了，和他们聊一会儿天也是很愉快的事。

我那时好像并没有买到过什么像样的书，大多是一些读本，记忆中可以夸耀的有一套康熙版《楝亭十二种》，就是从他们手中买到的，当时为买这套书，我半年多不知肉味。没过几年他们都先后退休了，从此也就没有再见到过他们。现在应该是年过古稀了吧。

几年后，马彦杰调到这家书店来接班，主持古旧书收售业务。马君来到新街口书店后，拆除隔出来的库房，增加营业面积。库房收购部都搬到后面天井里的一间小屋内，马君颇深于书，对古籍旧书是很有感情的。我们原来在海淀书店时就认识，是谈得来的老朋友。经他手为书店收过一些好书。我知道的如民国时期周氏兄弟的朋友章川岛的旧藏，多为民国原版书，仅周作人题赠的原版书就有二十多种。据闻，这些书卖给了一位喜爱周作人作品的记者，其他还有诗人荒芜的藏书、李一氓的藏书等。

之后，这家书店很快又换了一批人，这时候，古旧书市场风生水起，旧籍成了奇货可居的宝贝。这家书店与时俱进，古书都要锁在柜子里，翻看不易。再来这里的时候，我总感到缺了什么一样，也没有以前的味儿了，所以也就不再逛这家书店了。

隆福寺旧书店

最近和朋友有约，我们去了一趟三联书店，顺路又到有名的隆福寺街转了转。傍晚时分，夕阳惨淡，隆福大厦高大的身影残破凋零，隆福寺街人迹寥落。站在街口往东望去，那座旧书店的残垣，在一片废墟里难以辨认。记得刚拆迁时，媒体曾信誓旦旦地说，三年后旧书店还要回来的，那是2013年的事，转眼已是2016年初春时节了，时间过得真快。

我最初踏上这条街，还是在20世纪70年代初，这里最热闹的地方要数东四人民市场了。市场是在拆毁的隆福寺旧址上盖起来的。隆福寺曾经是老北京有名的古刹庙市，其盛景我只在老照片上瞻仰过。据说大殿内精美的藻井被保留了下来，陈列在什么博物馆中了。皮之不存，毛将焉附，我也就没兴致去找寻参观了。所谓"灶温"早已被炸灌肠取代，炸灌肠成为隆福寺街的新特色。

此后，市场又被拆除，高升为大厦。此时可能已经知道旧东西的可贵了，所以别出心裁在大厦楼顶山寨了一座"隆福寺"。可惜好景不长，没过多久，这里发生了著名的"冬天里的一把火"，隆福大厦成为特大火灾事故的经典教材，至今还常常被提起。灾后重建，往前再扩大为"隆福广场"，外观气势更堂皇了。不知怎的，我早已失去了进去看一看的兴致，从建成到歇业我从来没有进去过。

几十年来，我对这条街最感兴趣的要数街东面的那家中国书店了。不久前在一家旧书网店中，我买到了一册1959年出版的《北京中国书店文奎堂门市部国庆十周年专号》，文奎堂门市部就是隆福寺中国书店的前身，这是一本售卖古籍的目录，封面套红，时代感很强。现在古籍市场最受热捧的殿版开化纸书，在那个年代却贱若泥沙，如《古文渊鉴》64卷，殿版五色批本，开化纸24册，35元；《唐宋文醇》58卷，殿版开化纸20册，25元；《唐宋诗醇》，殿版竹纸本47卷20册，仅10元；著名的明凌氏套印本《世说新语》，白棉纸全4册，也贵不到哪去，仅售25元。随手翻阅一过，真恍如隔世，不胜唏嘘，那真是书迷、书痴们心目中的开元天宝年代，所谓，此一时彼一时也。虽然这算不上真正意义上的书，但它记录了那一段历史，很有些意思。巧的是，买到这本书后不久，我又无意中从这家旧书网站上，买到一件民国三十年（1941）的"北京隆福寺文奎堂书庄缄"的中式实寄信封，算算是约八十年前的旧物了，它更加不是一本书，但却见证了这条街旧书业曾经的繁荣，足以发思古之幽情，很值得珍视，已经让我很欣喜了。

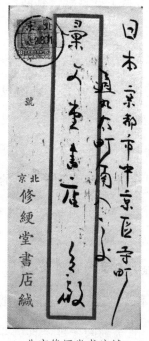

北京修绠堂书店缄

北京隆福寺文奎堂书庄缄

张中行先生说："那个时候说旧书，多用广义（专指木板古籍），所以讲书业的集中地，总是说，旧书，一是琉璃厂，二是隆福寺，即隆福寺街。隆福寺街旧书店不少，印象深的有三家，一是路北的文奎堂，二是路南的修绠堂，都在寺门之东。第三家比较小，名三友堂，在寺门稍偏西的对面。"据说，到 1956 年，隆福寺街还保存有 17 家私营旧书店。

杨小洲兄在《逛书店》一书中，对这家仅存的国营旧书店描述很具体，抄一段回顾一下："沿隆福寺服装小街往东走去，在夹杂着各式时装橱窗的店铺中，这家专营旧书的中国书店并不惹眼。书店在临街处开一扇进出的小门，趔进门去，是窄窄的一厢通间，两壁书架迎向店门，像夹道里关心的问候，牵掣着你的目光，步入店腹，才是旧书的一片天地。"此情此景，相信逛过这家书店的人，都不会陌生吧。

回想那些年在这家书店，我在那"一片旧书天地里"也买到过不少好书，如李家瑞的 1937 年初版本《北平风俗类征》、画家溥儒隐居西山时编印的《白带山志》、乾隆时期鲍廷博精刊本《庚子销夏记》等，这里曾留下我太多的足迹，交织着希望和失望。如今随着这家旧书店的消失，一切都淡然了。

我的签名本收藏

　　喜欢藏书的人大多珍赏签名本，一是名人手泽难得，二是书中的签名题赠，平添了一份人的感情，增加了藏书的情趣。

　　《简明不列颠百科全书》有关版本价值的条目中写道："最理想的藏书是有作者的签名批注，或者曾经名流占用、使用并留有印记的书籍。"我国藏书界也流传有一句老话，叫作"一经品题，身价十倍"。可见珍视名人手迹，中外藏书者的心理是一样的。

　　本人追慕藏书大家之后喜欢搜集旧籍，对于签名本也是赏爱有加，留有名人手迹的书往往可遇不可求，但如常常留心，每每也有意外的收获。作为一个喜爱淘旧书的人，如在尘封的旧架中，或在狼藉的地摊上，意外地发现一本久慕大名的签名本，其喜悦之情不可名状。

　　我收藏的签名本大致可分为两种，一种是作者自己的著作题赠亲友的，这里面包含有赠书人浓浓的友情，但不知何故受赠人却让它流落街头，我把它们从蒙尘的旧书摊上买回家，去其污垢，托平折角，珍藏于寒舍，也好像是替别人保存了这一段感情，如著名作家巴金、叶圣陶、丁玲、萧军、陈荒煤、王蒙、贾平凹、冯其庸等人的签名本，就这样换了新主人。这些签名或毛笔，或钢笔，或圆珠笔，字体潇洒俊秀，不失大家风范。著名学者谢国帧题赠北师大教授刘盼遂的书中还有刘先生亲笔批校，濡染着我素所景仰的两位学者的这本签名本，已成为寒斋的珍品。有一次，我曾在京城报国寺以奇廉之值得一周作人签名本，令同好艳羡不置，本人亦飘飘然沾沾自喜。某次，我在琉璃厂旧书市翻到一册民国时期线装诗集《游泸草》，封面赫然写着："佩弦先生雅正，后集敬请指教，伯鹰呈。"题字用毛笔书写，字迹流畅清秀。这是著名书法家潘伯鹰早年赠给著名文学家朱自清的书。名家赠名家，可谓双美并至，自然要收入囊中了。

另一种签名本是曾为名家所藏，上面有名家自署、题跋及藏书印记。寒斋中颇可一谈的有，罗振常著的《善本书所见录》，封面右下角有郑振铎先生朱笔签名"西谛，购于东安市场旧书摊，1958 年 6 月 15 日"，字体飘逸生动，只是经过半个世纪的沧桑，红墨水的笔迹有些褪色了。郑振铎先生时任文化部文物局局长，同年10月份因飞机失事遇难。这是否是他生前最后一次逛旧书摊，淘来的最后一本旧书呢？不得而知，但他的旧藏却留给后人一个永远的纪念。现代国画大师溥儒先生旧藏《仲松堂诗集》，书中不但钤有"寒玉堂藏"朱色藏书印，另有一段题跋颇耐人寻味："庚午四月客天津胡琴初赠，以余求遗民诗也。心畬记。"溥心畬这位"旧王孙"的复杂心迹，从这短短的题记中袒露无疑。我尚藏有溥心畬先生之祖恭亲王奕䜣的旧藏，清内府铜活字本《古今图书集成》另册，书中赫然钤有"恭亲王章"和"正谊书屋珍藏印"。真是大有"旧时王谢堂前燕，飞入寻常百姓家"之感叹。这些带给我的不单单是得到的愉悦，还有一种历史沧桑变化的凝重感涌上我的心头。著名学者浦江清先生亲笔批校的《山海经》，书中洋洋数千字批注，信笔拈来，汪洋恣肆，显示了这位前辈学者渊博的学识和严谨治学的精神。我等晚辈只有高山仰止。

　　名家签名本书籍不但墨迹珍贵，而且其散失流传的经过都可以引出可长可短的故事，有些还是研究作者、藏家学术思想的重要参考资料，其收藏价值可见一斑。

周景良先生《玉山诗集》题记

　　《玉山诗集》是我三十年前在琉璃厂中国书店买到的，书后还留有火漆印记。据知情人讲，打上火漆的书，是专门卖给海外客的，海关凭此可以验放出关。记得买书的时候，我见店内的书架旁就挂有"只供外宾"的牌子。这也不奇怪，当年琉璃厂街上，卖旧货的文物商店大都挂有这样的牌子，有的还要加上"内宾止步"字样，每每让国人气短。这是改革开放初期琉璃厂独特的景观，说起来也算是一段掌故了。

　　我壮着胆子，到"只供外宾"的书架前翻看，也没有人来干涉。因为是"只供外宾"，价格自然要贵一些，这也怨不得谁了。《玉山诗集》是民国庚申年（1920）上海聚珍仿宋印书眉印行。作者周馥，其子周学熙等编校。原装为四卷两册，以编年体收入周馥一生主要诗作。曾任京师大学堂总办的清末名士于晦若（式枚）作序，书内有周馥"时年八十四岁"自序。书买到后，我翻看一遍，随手就放到书柜中闲置起来。买书之乐，兴奋只是一会儿的事。被学者耻笑，也是不足怪的。

多年后，因缘际会认识了周叔弢先生的曾孙，物理学家周景良先生的哲嗣周群兄。一次在我家中聊天，说到了他的高祖玉山公。我想起了过去曾买到的这本诗集，就拿出来给他看，他非常感兴趣，说能否拿回家看看，我当然同意，并表示，你家里如不存，书可以奉送云云。书拿走后，时间一长渐渐也就淡忘了。想不到大约半年后，他又把书拿了回来，而且还带来了更大的惊喜。其尊人景良先生用漂亮的隶书，写了一篇声情并茂的题跋："先曾祖父玉山公诗集四卷，诗中感事愤世，深抱当世忧患之心，盖公少值离乱，后历宦四十年，亲睹国家衰微，生民艰苦，所感尤深也。过去私家印书不过一二百部，推想此书亦不外如是，此书虽不比宋元佳椠，然印行至今已历八十年，其中迭经事变，天壤之间不知能存几部，桂林先生偶得其一，亦足珍惜也。集内收诗止于庚申正月，至辛酉九月所作十三首，仅据玉山公全集补录。一九九七年一月五日　周景良志。"题跋用的是佳楮好墨，可以视为一件书法艺术小品。我们都知道，景良先生是学理工出身的，但这段题跋可与黄丕烈、傅增湘辈相比肩。真是家学渊源有自，绝非浪得虚名。

周馥，字玉山，号兰溪，安徽建德（今东至县）人。他的一生亲历了激荡巨变的中国近代史，所以《玉山诗集》中"深抱忧患之心，感事愤世"之作贯穿了始终。从太平天国到洋务运动、从中法战争到中日甲午之战、从八国联军侵华到中华民国成立等，影响中国历史发展的重大事件，他都是亲历者。他更因特殊的际遇和所处的地位，对发生的历史事件和其中的历史人物，看得比常人更清楚，感触也就更深。所以有感而发，汇为《玉山诗集》。此书真可作为史诗来读，对我们考索历史、品评人物都是有帮助的。咸丰末年，他避战乱到省城安庆。同治元年（1862）春，李鸿章组建淮军。周馥应募，深得李鸿章赏识，即"招往办文案"。从此，他跟随李鸿章办洋务达三十余年，深受倚重。由候补县累迁至封疆大吏。周馥真称得上是个传奇人物，一介穷儒，连个秀才都不是，却以文笔洗练为李鸿章器重，从帮办文书直到参与决策，李鸿章办外交，建新军，搞洋务运动，周馥都是左右手，周馥后由代理直隶总督调任山东巡抚，后又任两江总督，声威赫赫。李鸿章无疑是影响周馥一生的关键人物。在《玉山诗集》"感怀平生师友三十五律"中，周馥用诗注的形式品评了三十五位历史人物。第一首就是写他的恩人"李文忠公"，诗曰："吐握余风久不传，穷途何意得公怜。偏稗骥尾三千士，风雨龙门四十年。"这说的也是李鸿章的知遇之恩。其他如曾国藩、醇贤亲王、荣禄、孙家鼐等都是晚清历史的风云人物，音容笑貌，可想见其人。甲午战争失败后，周馥写有《感愤诗》五首收入《玉山诗集》中，"岂真气数力难为，可叹人谋著著迟，自古师和方克敌，何堪病急始求医。""斩佞上方难请剑，知兵黄石更无书。澄清会有中兴日，可怜微臣鬓已疏。"以抒发胸中的怨恨与悲愤。光绪二十八年（1902）五月，周馥升任山东巡抚，并加兵部尚书，达到了他的人生顶点。《玉山诗集》中这时的诗作，却是惶恐和淡泊的，保留了一份居高位者难得的清醒。进入民国后，周馥息影读书，悠游林下。民国十年（1921）9月22日病逝于天津寓所，终年84岁。

周景良先生是周馥的嫡重孙，他的父亲是大家熟知的著名藏书家周叔弢先生，祖父是周学海先生，叔祖父为周学熙。景良先生是周叔弢先生最小的儿子，早年毕业于清华大学哲学系，1950年又非常明智地改行，考入北京大学物理系，之后以此为职业，任职于中国科学院地质研究所多年。暮年荣休之后，则以版本目录、金石书画自娱，周一良先生曾在一篇文章中谈到景良先生，说他"由于家庭的熏陶和影响，颇为好古，对于版本目录、金石书画等都很有兴趣和修养，离休之后以此为生，颇得其乐"。

张伯驹手稿收藏记

张伯驹先生（1898—1982），号丛碧，别号游春主人、好好先生，河南项城人。他与张学良、溥侗、袁克文被称为"民国四公子"，用现代话讲是典型的"富二代"。在传统文化张扬的时代，有"富二代"的资本，更能孕育出像张伯驹这样的文化奇人。

张伯驹醉心于古典文化，收藏字画名迹，卓成一代大家。曾收藏有中国传世最早的书法西晋陆机《平复帖》、传世最古画迹隋展子虔《游春图》等，书画名迹见诸《丛碧书画录》者便有118件之多，被称为天下第一藏，不为过誉。自云："予生逢离乱，很少读书，三十以后嗜书画成癖，见名迹巨制虽节用举债犹事收蓄。"张中行先生说："历史上有不少人物，一生经历变化大，如果先繁华而后冷落，他自己有何感触不能确知，也许热泪多于冷笑。在旁人看来却有些意思，因为带有传奇性。"

张伯驹先生与曹雪芹约略可算同一类人物，都是"在锦绣堆中长大，由富厚渐趋没落的"。张伯驹赶上了时代大变革，半生的荣华富贵付诸东流，他不免有一肚皮的不合时宜。所以，他有"回首万事似秋霜"的感叹。

《平复帖》是西晋著名文学家陆机（261—303）书写的一封信简，为我国存世最早的书法真迹。此信的首行中有"平复"两字，故名"平复帖"。当年《平复帖》为恭王府所藏。1937年，溥心畬先生丧母，欲出让《平复帖》以办丧事。此事经傅增湘先生从中斡旋，《平复帖》才得以易手。据专家介绍，《平复帖》的价值更在于它在中国书法史上的珍稀性和独特性，它是中国现存最古老的书法真迹。《平复帖》作于晋武帝咸宁初年，约公元275年，比《兰亭序》的书写时间约早79年。若与留传下来的《兰亭序》唐朝摹本相比，则早360年以上，其珍稀性无与伦比。明人董其昌题跋云："右军以前，元常以后，惟存此数行，为希代宝。"专家说，《平复帖》介于章草与今草之间，是两者过渡时期的典范之作。章草到今草的转变，曾经历过一个长期的过程，但唯有陆机的这篇墨迹有幸流传至今，成为这一转变的重要见证。"平复帖"真是不得了的好宝贝，现收藏在北京故宫博物院。

我所得的这件手稿，是张伯驹先生写于20世纪70年代末，用的是极普通的毛边纸，题目是"收藏西晋陆机平复帖经过"，洋洋数百言。这也是一件不可多得的张伯驹书法珍品。张伯驹的书法风格更多的是一种古典学识深厚与谦淡出尘的士人风神，可视为"逸品"。

某位大家曾把淘旧书、逛冷摊比作钓鱼，因为充满了不确定性，所以心情上就多了一份期待。回想本人多年跑旧书摊，也碰上过几次好机会，及时收竿，真就钓上过大大小小的鱼，这可能就是古今书迷津津乐道的淘书之乐吧。这件张伯驹手稿，就是这样钓上的大鱼。它混迹于荒凉的后海旧书摊上，冥冥之中让我邂逅了，缘到了，好事自然能上门。

范用手札及其他

　　叶浅予先生去世后，他的一些遗物流散到旧书摊。我是有逛书摊之瘾的人，因缘巧合，也买到了他的一些故物，自然不会是什么值钱的东西，都是些杂七杂八的零纸碎片，然对于我却是很珍贵的。

　　这件范用先生写给叶浅予先生的短扎，虽短短数语，但可见老辈风流。"浅予翁：寄呈小外孙女的一篇暑假作文，一唡。她今年八岁，还不懂得说假话，句句实话，只是有点少见多怪。人老了，怪也无妨，只要活得自在，自得其乐。恭贺年禧，健康长寿！范用，辛未。"范用先生没有写"不会说假话"，而是说"不懂得说假话"，不是历尽坎坷过来的人，是难以理解"不懂得说假话"的。寥寥数语，透露出世间苦涩沧桑。看似寻常的一枚贺年片，也就很有意思了。范用先生给叶浅予先生的贺年片，是用他外孙女写的一篇作文《我的外公》印制的。孩子眼中的范用是真实的，不免也有一些怪习惯，如"他做什么都快，看书快、写字快、走路快、吃饭快，就是喝起酒来慢慢的。有时我们吃饭的时候，他睡觉。我们睡觉的时候，他又吃饭，走来走去，弄得我们睡不着觉。你说他怪不怪"。范用先生把这篇作文设计成明信片，分送友好。明信片右下边角翻起，露出丁聪先生画的范用头像，生动不死板。不经意间大家手笔确实不俗。

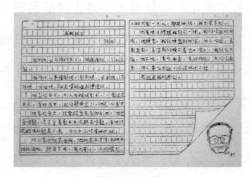

《我的外公》

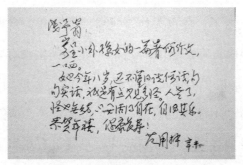

范用手书

多年前，我曾有机缘登方庄范老家拜望过，主要是想参观他的书房。印象是他没有名人架子，不清高，不做作，是一位和蔼可亲的"小老头儿"。普通的老旧楼房，普通的居室，不堂皇（没装修），不宽大。如果不是看到墙上挂的名家字画和顶天立地满架的书籍，那就和普通退休工人的家没有什么差别。范用先生是中国出版界名重一时的人物，曾任人民出版社副社长、副总编辑及生活·读书·新知三联书店总经理。他和书打了一辈子交道，编了和写了那么多的好书。当今之世，称名家叫大师之辈多矣，因工作关系，我也接触过不少的名人，但像范用先生这样质朴无华的人，真是稀如星凤。

范用学历不高，填履历表的时候，他总是老老实实填上"小学毕业"。按他自己的说法，要想好看一点，他就填"中学肄业"。他有时也不免解嘲说："要是现在，我是没有资格进出版社大门的。"看看现在社会上硕士研究生、博士研究生满街走，聪明人弄个文凭算啥难事，范用先生真是太老实了。

提到范用，我就会想到《读书》杂志。三联书店创办《读书》杂志时，范用写了一篇《打破读书禁区》，编委们决定将其作为《读书》杂志创刊号的开篇文章。讨论时有人还嫌题目不够有力，范用就把它改成掷地有声的响亮口号："读书无禁区"，果然一炮打响，在知识界引起强烈共鸣，并引发了激烈争论。后来，这五个字一直都是《读书》杂志的旗帜。范用曾经说："我办《读书》是继承三联书店的传统，用一本杂志来联系广大的读者，让一些人能在这里很自由地讨论问题，发表意见，交流思想。"《读书》杂志成为改革开放后，思想解放的一面旗帜。

范用先生自己说过："我最大的乐趣就是把人家的稿子编成一本很漂亮的书，封面也很漂亮。"他不但坐而言，更是起而行，亲手策划出版过《傅雷家书》、陈白尘的《牛棚日记》、巴金的《随想录》等，都是有口皆碑的好书。

现在范用先生已归道山，据说他生前曾留有遗嘱，交代家属，他去世后不搞追悼会，不搞遗体告别式，遗体捐献给相关医疗部门。他的子女发布的讣闻中公布他留下的话："匆匆过客，终成归人。在人生途中，若没有亲人和师友给予温暖，将会多寂寞，甚至丧失勇气。感谢你们！拥抱你们！"这就是范用，永远值得人们怀念。

辛亥百年谈收藏

今年（2011）欣逢辛亥革命百年纪念，各种纪念活动如展览影视等已陆续出台。辛亥革命自有其深远的历史意义和重大的现实意义，国人确实应该大庆特庆。常言道，人生不满百。能赶上辛亥革命百年之庆，我们也确实要好好热闹热闹。

民国初年普遍称"辛亥革命"为"武昌首义""共和成立""民国肇生""辛亥之役""中华光复"等。1917年，孙中山在汕头各界欢迎会上，追述革命历程，称"一次革命，起于武昌，为推翻满清之专制"。1921年10月，梁启超以"辛亥革命之意义与十年双十节之乐观"为题，发表演讲，诠释了辛亥革命的内涵。陈独秀曾撰写《辛亥革命与国民党》，"辛亥革命"才逐渐成为专有名词。

"辛亥革命"一词最早出现在《辛亥革命始末记》的书

名上，此书出版于 1912 年 6 月，距民国建立仅半年，用"辛亥革命"来概括这次改朝换代的大变革，再准确不过了。以"辛亥革命"为书名的还有署名草莽余生编辑出版的《辛亥革命大事录》，张绍曾为该书作序，指出草莽余生为廖少游。廖少游又名廖宇春，在辛亥革命期间奔走南北议和，阅历广泛，"特就昔日所历之境，所与之役，与夫见闻……抄集成册"。所述辛亥革命时限与《辛亥革命始末记》基本相合，上述两书所载史实，都发生于农历辛亥年，称之为"辛亥革命"十分相宜。

有关辛亥革命的经过和意义这里就不谈了，我主要讲讲有关辛亥革命收藏的话题吧。收藏应该注重藏品本身的文献性、文物性和艺术性，用这把尺子来衡量，在书刊资料等收藏领域，其实有关辛亥百年的内容确实也不少。收藏先要划定一个范围，最好是 1949 年以前出版发行的有关书籍、报刊、邮票、钱币等。如本人收藏的宣统三年（1911）出版的原署蜇隐生编《鄂乱汇录初编》，就是当年出版的最直接记录武昌起义时期各种文件、中外报道、评论等汇编，具有极高的文献价值，这就具备了重要的收藏意义。

此外，如民国元年（1912）武昌大汉报社印胡石庵著《湖北革命实见记》、民国元年初印龚霞初著《武昌两日记》

和于渐逵著《辛亥鄂城纪略》等，都是作者在武昌革命时期的亲历亲闻，都具有极高的史料文献价值。这些是研究辛亥革命不可多得的珍贵文献，具有极高的收藏纪念价值。湖北有一位书友专藏有关辛亥革命原版原印的历史资料，据说已拥有500多种1000多册，包括孙中山的线装本《三民主义》《建国方略》、邹容的《革命军》、陈天华的《警世钟》等，最珍贵的要数《鄂军大都督黎元洪手札》，出版至今已有一百年的历史，该书只有12页24面，木刻印刷，收录了《军政府照会汉口领事团》《黎都督照会各国领事》《鄂军都督黎通告将校军士文》《鄂都督黎元洪致满政府书》《中华民国鄂军都督祭告天地文》等重要文献。民国元年由商务印书馆出版的《大革命写真画》，距武昌起义不过半年，时效性很强，社会影响很大，这组写真画是我国最早出版的辛亥革命照片集，收录了一系列重大事件的场景图片，书中用新闻图片的形式，反映从辛亥革命到中华民国成立的历史，是难得一见的珍品。1947年出版的《武昌两日记》，以章回体形式记载了1911年10月9日至10日武昌文学社、共进会领导人策划的新军起义，彭楚藩、刘复基、杨洪胜三人被捕遇难，以及起义军与清军血战的史实。还有一位藏友所收藏的辛亥首义同志会会员的申请表和会员名册、会员证底簿等文物，收录的辛亥革命参与者名单齐全、组织资料完整。2007 年湖北省首届文物鉴赏评选"十大民间宝物",《首义同志会全体会员总册》名列榜首,被评价为"至今发现最早、人员最全、品相最完整的会员总册",每一位会员的资料翔实,包括当时的年龄、住址、家庭状况,以及"辛亥前经历""首义时期经历""民国后的经历"等,甚至包括他们在参加文学社、日知会等组织时的"秘密口令",都有细致记述,是研究辛亥首义的珍贵资料。

辛亥首义同志会于 1946 年 10 月 10 日在湖北武昌创立,是当时全国最有影响的辛亥革命纪念组织,会员为当时健在的参加过武昌起义的革命志士。1949 年辛亥首义同志会重新登记会员,整理名册。上述这些书刊资料完全符合国家图书馆定位的"新善本"的标准。何谓新善本?这是相对古籍善本而言的,包括辛亥革命及五四运动期间的进步书刊、马克思主义经典著作的早期译本、中国共产党成立后的重要文献、抗日根据地和解放区的出版物、近现代文学史上的名家作品手稿等。"新善本"因为具有极高的历史文物性和文献性,近年很受收藏市场的追捧,市场价格逐年抬高,是一个很有前途、很有意义的收藏品类。

中华民国成立后,为庆祝这一历史时刻同时发行了两套纪念邮票，即"光复"纪念邮票和"共和"纪念邮票，分别印孙中山像和袁世凯像。1912年12月，北京邮政总局发布通告称："光复成功，共和建立，膺此非常之际，允宜垂纪，以胪欢爱。由政府特发两项邮票，以昭纪念，其一为光复纪念邮票，前临时大总统孙文肖像在焉；一为共和纪念邮票，临时大总统袁公像在焉。凡此两版其数目种类俱同……"两套纪念邮票均由北京财政部印刷局雕版印制。"光复"纪念邮票图案中间为孙中山先生像，两旁衬以稻穗，图幅30×23（毫米），齿孔14专度，全张横10枚，直10枚。全套为12枚：1分（橙黄色）、2分（黄绿色）、3分（蓝绿色）、5分（玫紫色）、8分（深棕色）、1角（蓝色）、1角6分（青绿色）、2角（深红色）、5角（深绿色）、1元（红色）、2元（浅棕色）、5元（灰黑色）。印制数量：1分、2分、5分及1角票各30万枚；3分票200万枚；8分票25万枚；1角6分票10万枚；2角票15万枚；5角、1元、2元及5元票各5万枚。"共和"纪念邮票图案中间为袁世凯像，两旁饰以麦穗，其图幅大小、刷色、面值、印数都和"光复"纪念邮票一样。这两套邮票的印制发行还是有一段历史掌故的。辛亥武昌起义，革命成功。推翻清朝，肇建中华，孙中山先生就任临时大总统，计划发行光复暨共和纪念邮票2套合计24枚。原计划光复邮票以孙中山像为主图，"共和"邮票以中华民国地图为主图，票经印就，即将发行，适因孙中山公功成谦退，首任大总统由袁世凯出任，袁氏力主共和纪念邮票应用其肖像为主图，故原印制之孙中山像及地图邮票均遭废弃，另制孙中山像与袁像同型之"光复"暨共和邮票2套，同时发行。两套邮票的发行还有着复杂的历史背景，是当时南北两种政治力量调和的产物。在欣逢辛亥革命百年纪念之际，如果能收藏到这样原汁原味的有关辛亥革命的藏品，那感觉真是别有一番滋味在心头。

我收藏的一册知堂故物

《艺术作品之色的研究》为民国线装铅字排印本，广西典雅书局出版。我收藏的这本书不见各家著录记载，更可珍视者还是周作人先生的旧藏。扉页题"启明先生教正，白宁敬赠"钤白宁名章。背面有一幅作者的自画像和三十自述："仲尼三十而立，废名兄三十撰莫须有先生传，并以而立名斋。余三十无所成，因蓄须自警，其贤不肖何如也。"目录页后空白处，周作人先生墨笔亲书"桂林太和街廿八号"，这应该是周作人当时随手记下的白宁老家的通信地址。

20世纪30年代，新诗人白宁天赋好，死得早，长期被历史淹没，无人知晓。姜德明先生是他隔世知音，透过历史的迷雾发现了他。白宁有线装新诗集《夜夜集》行世，其实他本名叫秦宗尧，广西桂林人。1904年8月26日出生，到1937年就去世了。白宁在世时，是很有才气的青年，可惜怀才不遇，落魄一生。白宁还是一位画家、美术理论家。《艺术作品之色的研究》是白宁的美术理论专著。姜德明先生也不知道，白宁还有《艺术作品之色的研究》这样一本书。

姜德明先生的《书叶集》

《艺术作品之色的研究》前有作者自序，为我们提供了许多信息。摘录如下："我爱画，同时我也是画画的人。十六七岁时，我在北京，北京饭店有展览会的时候，我每偷闲去看。那时我很丑陋，眉怪浓，而制服也怪臃肿的，甚至于饭店的电梯，我都不大懂得坐。不过我每次必去，去必流连一二小时，往复三四遍，才兴尽而返。"他说，跟一位女画家学画"差不多持续了十三四年，因为人事的多难，虽无时不在寻求满足中，然老是断断续续的，有几年只能看看或想想自然的形与色。……去年因为病，才回到故乡。因为病，于是又有了作画的闲暇，色是我的最爱，所以也常想到色。近一二月来，几乎无时不在想到色何以美。并且有点创建，所以有点爱，怕它湮没，想印它出来。"

《艺术作品之色的研究》自序

白宁手书

《艺术作品之色的研究》目录

我买这本书的曲折经历也是很有意思的，颇可一谈。有一年，海淀旧书店举办古旧书市，展销许多让人眼热心跳的古旧书，现在回想起来，无论是品种数量还是价格，那真是一场盛宴绝唱。这册《艺术作品之色的研究》，因为作者名气不响当当，内容又太冷僻，放在书架上一直乏人问津。相熟的几位朋友也都看到了，也许是好书太多的缘故吧，谁也没有买。后来大家聚首话往事的时候，有人就想到了这本书，很有悔意，他们都说，就是冲着那几个周作人的字，也应该买。吾友柯卫东君曾在一篇文章中，把此事当作淘书教训谈过。

想不到世事无常，多年后，有一次我到报国寺闲逛，无意间在一家卖旧书的铺中，竟然又见到了这书，真如旧友重逢，既惊喜又意外，拿起来翻翻，一切还是老样子。只是背面原海淀旧书店的价签已经去掉，店主的要价也比当年高出了一倍，这次我没有再次错失机会。书物之遇合好比人生，是不能不信缘分的。

看姹紫嫣红开遍

——民国版《北京花事特刊》

七十多年前，天津铁路局曾编辑《北京花事特刊》一书，作为该局旅游丛刊之一，迄今未见有其他种类，也可能只发行了这一期。《北京花事特刊》导读中说明了该书的主旨："本刊为介绍看花时地而辑，于北京花事之掌故，记载特详。"版权页未注明作者姓名，但其中有"深荷傅君云子之助益"一语，傅云子先生是著名的旧京民俗专家，《北京花事特刊》能够"博采旁搜，略著其概，名园古刹，聊为传神"就不足为奇了。

踏青赏花自古以来就是中国人的赏心乐事，并不因为时代的改变而改变，因为这是生而为人的天性，也是我们传统文化情趣的表现。本书序言中说："京师景物之可记者亦多矣，而花事一端，要为有关游兴，足作名区之点缀者。"值此"九成春色，四季芳华"，大地回春之际，重新品读《北京花事特刊》，走出家门看花、赏花，一定"会心不远"，感触自然就不一样了。

在大地依然乍暖还寒、万籁俱寂的时节，迎春花总是悄然开放，每个枝条上都是花，一朵挨着一朵，挤成了一串。东风第一枝，最为抢眼。腊梅花纤枝婆娑，开花时候点点金黄，满树繁花，黄灿灿地吐向冬日的晴空，那样的热热闹闹，而又那样的安安静静，疏林冻水熬寒月，唯见一株在唤春。

玉兰花开时异常惊艳，满树花香，舒展而饱满，因其株禾高大，开花位置较高，迎风摇曳若天女散花，那芳郁的香味委实清新可人，花开花落花满天。玉兰又称报春花，在北京有着悠久的种植历史，最著名的要数西山大觉寺的古玉兰了，花开时节动京城，一点不为过誉之词。颐和园乐寿堂院内的清代玉兰树，种植于乾隆年间，寓意着玉堂富贵的皇家吉祥，至今仍是观赏玉兰最佳去处。

每逢清明前后，丁香花总是适时地来，静静地开放，花瓣小小的，虽不够绚烂，你却可以感受一场芳香之旅，因为这个时候都沉浸在那清雅浓烈的香氛中了。旧京法源寺的丁香花最负盛名，"太息般的眼光，丁香般的惆怅"。那花香似乎可以安抚伤春的情怀，暂时忘却岁月的流逝。唐代李商隐有诗曰："楼上黄昏欲望休，玉梯横绝月如钩。芭蕉不展丁香结，同向春风各自愁。"丁香自古以来就与文人笔下的愁怨、美丽、思念结合在一起，更让人多了几分黯然心动。

北京还有两种名贵的古董级花木，很值得一说，一是紫藤，二是西府海棠。紫藤自古就是文人墨客的私宠，清初诗人朱彝尊的古藤书屋、杨梅竹斜街的雍正朝探花梁诗正老宅里的紫藤、纪晓岚故居纪大烟袋手植的那株古藤等，都是京城著名的紫藤，著名的原因自然是"花以人名"了。"庭前十丈藤萝花"的景象吸引着一代又一代赏花的人。

海棠花姿潇洒，花开似锦，自古以来是雅俗共赏的名花，"海棠春睡"是千年来美丽的梦影。说起海棠花还有一段艺林典故，海外羁旅的国画大师张大千先生曾作有《乞海棠》诗："君家庭院好风日，才到春来百花开。想得杨妃新睡起，乞分一棵海棠栽。"原来他的一位好朋友家里栽有海棠树，引起了张大千故园之思，他要向好友乞讨一棵海棠，"典画征衣更减粮，肯教辜负好时光。闻道海棠尚未聘，未春先为办衣裳。"足见他对海棠的热爱，更可见老辈艺术家率真的情趣。月朦胧，鸟朦胧，帘卷海棠红。海棠花下是值得流连的。

《北京花事特刊》大32开，140页铜版纸精印，内有大量珍贵摄影插图，历经七十多年沧桑，已经不多见了。北京古籍出版社多年来一直致力于北京地方文献的编辑出版，有关旧京史地文化、民情风俗等都相当完备，独不见这本迄今唯一的旧京花事专著再版重印，真是一件憾事。

道古说今话"过年"

进入腊月了，时间过得快也好慢也好，旧历新年就要来到了。在过去，过年可是件大事，一进腊月就要为过年忙活了，用文化一点的说法叫忙"年事"。红楼梦第五十三回"宁国府除夕祭宗祠，荣国府元宵开夜宴"中说："当下已是腊月，离年日近，王夫人与凤姐置办年事。"巨室大户和平头百姓家过年当然是不一样的了，期待着过年的心情却是一样的。"老婆老婆你别馋，过了腊八就是年；腊八粥，喝几天，哩哩啦啦二十三；二十三，糖瓜粘；二十四，扫房子……二十八，把面发；二十九，蒸馒头；三十晚上熬一宿，大年初一扭一扭。"这是流传了多少年的老北京民谣，反映的是普通人家迎新年的淳朴民情。

《京都竹枝词》曰："西单东四画棚全，处处张罗写对联。手摺灯笼齐讨账，大家收拾过新年。"贴年画，挂春联，是点缀年华的必备，缺了它，年味就淡了许多。光绪年间出版的《燕京岁时记》中说："每至腊月，繁盛之区，支搭席棚，售卖画片，妇女儿童争购之。亦所以点缀年华也。"写春联，贴年画，"点缀年华"，让平凡的生活添点色彩，讨个喜庆。现在临近春节，常见有报道说书画家下乡送春联活动云云，就是这一习俗的遗韵。记得在20世纪六七十年代，字画摊棚虽然没有了，但是一进腊月，大街小巷忙忙碌碌，新华书店里挂满了革命新年画，花花红红很是喜人，一看就知道春节快到了。后来连这些景象都逐渐模糊消失了，没有了年事，那还有啥年味。

《红楼梦》第五十三回中说："到了腊月二十九日了，各色齐备，两府中都换了门神、联对、挂牌，新油了桃符，焕然一新。宁国府从大门、仪门、大厅、暖阁、内厅、内三门、内仪门并内塞门，直到正堂，一路正门大开，两边阶下一色朱红大高照，点的两条金龙一般。"多么热闹，多么郑重其事。平时不开的正门，这时候要打开了。那些常年悬挂的木刻门联，岁末也要重新油一遍。这是大户之家的年事，小门小户当然不会那么复杂，要简单多了，但是，年画、门对和财神也是必不可少的。

一进腊月，"贾珍那边开了宗祠，着人打扫，收拾供器，请神主。又打扫上房，以备悬供遗真影像"。祭祖，不忘初心，传统社会过年最重祭祖、供神，这是过年的重头戏。梁实秋回忆儿时在旧京过年，"大厅上供着祖先影像，长辈指点曰：这是你的曾祖父、曾祖母、高祖父、高祖母……"敬天法祖，慎终追远，是中国人传统文化的集中体现。到了祭祖那天，贾府人分昭穆排班立定，"贾敬主祭，贾赦陪祭，贾珍献爵，贾琏贾琮献帛，宝玉捧香，贾菖贾菱展拜毯，守焚池。青衣乐奏，三献爵，拜兴毕，焚帛奠酒，礼毕，乐止，退出"。贾府是世家大族，祭祖都是繁文缛节，透着庙堂气。升斗小民就要简单多了，但是祭祖敬神还是要恭恭敬敬，马虎不得。

时移世易，移风易俗，现在过年的重头戏是阖家团圆，大吃大喝了。过去物资匮乏，买什么都要凭票凭本，买油要油票，买肉要肉票，普通的瓜子花生、富强粉、大米等，都要等春节时候，才能凭"本"定人定量买一点，人们就盼着过春节改善生活啦。现在生活富裕多了，物质丰富了，天天像过年一样。所以，过年就剩下吃了，也就难怪过年没什么意思了。

除夕之夜，所谓"一夜连双岁，五更分两年"，上了点年岁的人，不免要有"霜鬓明朝又一年"的岁时之感了。《燕京岁时记》中说：“及亥子之际，天光愈黑，鞭炮益繁，列案焚香，接神下界。”“京师谓元旦为大年初一。每届初一，于子初后焚香接神，燃爆竹以致敬，连霄达巷，络绎不休。……走谒亲友，谓之道新喜。亲者登堂，疏者投刺而已。……是日，无论贫富贵贱，皆以白面作角而食之，谓之煮饽饽，举国皆然，无不同也。富贵之家，暗以金银小锞及宝石等藏之饽饽中，以卜顺利。家人食得者，则终岁大吉。”现在除夕之夜的重头戏，从“接神下界”变成了围坐电视机前，看热热闹闹的春晚，过年的兴味却早已阑珊。我更愿意躲进书房，手把黄卷，穿越时空，神游于古人的过年之乐。

红色新年画

光绪年间出版的《燕京岁时记》中记载，"每至腊月，繁盛之区，支搭席棚，售卖画片，妇女儿童争购之。亦所以点缀年华也"。同时期的《京都竹枝词》也说："西单东四画棚全，处处张罗写对联。手摺灯笼齐讨账，大家收拾过新年。"搭画棚，卖画片，就是街头摆摊售卖年画。过春节、贴年画是我国古老的习俗，其历史已逾千年，它表达了人们过新年的喜悦之情，所谓"点缀年华"就是这个意思。

抗战时期，新年画与新秧歌、新民歌同时出现。根据地的画家们继承和发扬了民间年画的优良传统，利用群众喜闻乐见的美术形式，大量创作、印刷新年画。它反映了解放区的新生活，反映了人民群众在新的社会条件下从事生产劳动、合作化运动、拥军爱民运动等。这一时期的新年画作品主要有胡一川的《军民合作》《开荒生产》、彦涵的《保卫家乡》

《春耕大吉》、罗工柳的《一面抗战，一面生产》、陈铁耕的《抗日人民大团结》、杨筠的《织布》，至今留给人们深刻的印象。这一时期由于内容变了，就不可能全面沿用旧的形式，根据地的画家向群众所熟悉的年画形式学习，按照内容的需要，加上老百姓可以接受的艺术种类，成功地创造了一种全新的红色年画。

现代美术史上说，新年画"及时反映了群众的生活，指导了他们的斗争，教育和鼓舞了群众的斗志，发挥了巨大的作用"。可见，新年画的出现，更注重的是宣教功能。

中华人民共和国成立后，随着中国社会的重大变革，作为上层建筑的文化以及文学艺术也发生了深刻的变化。普及的美术形式如宣传画、年画、连环画，成为优先发展的品种，将它们的宣教功能发挥到极致。文化部发布文件《关于开展新年画工作的指示》，毛泽东百忙之中还亲自批示。可见当时党和国家对新年画的重视程度。

反映新生活、新气象的年画创作直接继承了根据地的传统，很多知名艺术家都参与了这类形式的创作。具体来说，作品的内容要积极向上，面向大众，被大众欣赏，表现形式要有民族特色和民族气派。一时间，新年画在全国兴起，形成运动。1950年3月2日在中央美术学院召开年画座谈会，大会对新年画的内容和形式做了初步的探讨。美术家比较集中的上海，则在开展新年画工作的指示发布后不久，就召开了年画创作会议和年画出版会议。杭州率先举办了有近百名作者参加的新年画展览。

在这一运动中，以前解放区的画家自然是冲在第一线，满腔热情，积极主动。来自其他地区的艺术家们，面对新的政治体制和新的时代要求，也积极迎头赶上，以适应新的社会需要。不管是油画家，还是国画家、版画家、漫画家，不同画种的画家都踊跃参加新年画的创作，成为这一时期最显著的美术创作特征。这些从旧时代走过来的艺术家们，不管他们以前在艺术理论与表现形式上有着何种不同的偏爱和作风，都要抛弃旧的内容，转过来描写劳动人民，歌颂新社会的事物。比较具有代表性的作品有：林岗的《群英会上的赵桂兰》、侯逸民与邓澍的《庆祝中国共产党成立三十周年》、李可染的《工农模范北海游园大会》、叶浅予的《全国各民族大团结》、石鲁的《幸福婚姻》、阿老的《中朝部队前线胜利欢歌》等。从历史的和艺术的角度去审视20世纪50年代初期的新年画运动，不管有怎样的认识，都难以否定它在中国现代绘画史上的重要地位。新年画运动采取的发动、组织、宣传等一系列的方法，以及这一运动对当时画家艺术观的触动和影响，都深深波及后来的美术运动和美术创作。

现在贴年画的习俗已经从日常生活中淡化，趋于消失。年画无论新与旧，已大多进入了收藏领域。新年画运动催生了大批优秀的新年画作品，因为独特的时代背景和时代风貌，尤其是用木版水印传统工艺印制的新年画，因为具有水印特有的洇透感，极具收藏价值，越来越受到收藏家们的青睐。

林庚的《中国新文学史略研究》

　　20世纪90年代初，北京城出现了许多带有舶来名字的"跳蚤市场"。交点管理费，谁都可以进场摆摊，杂七杂八卖什么的都有，很是热闹了几年。我更感兴趣的是那里面的旧书摊，从中每每有令人意外的收获，如今"跳蚤市场"早已不复存在，年轻一些的，可能连这个名字都感到陌生。多少年过去了，常常想过去的淘书场景，我很怀念那时候的"跳蚤市场"。

　　我的这本林庚著的民国铅印线装书《中国新文学史略研究》，就是早年在"跳蚤市场"买到的。以其罕见，博得众好友的推许，评为书林白眉，这让我沾沾自喜了很长时间。

　　《中国新文学史略研究》，林庚著，16开，民国时期铅印线装本。书口版心题"新文学略说"，下端"国立北平师范大学"。主要有：《启蒙运动》（包括《新青年与文学革命》《文学革命的开展》《新旧之争》《新诗的尝试》《〈新潮〉与五四运动》《新文学的独立》等）。全书以参与者和过来人的视角，对新文学运动早期二十年的成果进行总结研究，应该是新文学史研究最早的专著之一。

发轫于 1917 年的中国新文学运动，是新文化启蒙运动的前锋。到林先生写这本书的 30 年代，才历经二十年光景，林庚先生在序言中说："中国新文学革命，从《新青年》发动以来，到现在已二十年，其间起伏变化，不但使今日的人们已有遥遥之感，及当日曾经参加过这运动的人们，偶尔谈及，亦不免回首烟尘，若话开元天宝遗事，这运动到现在自然还

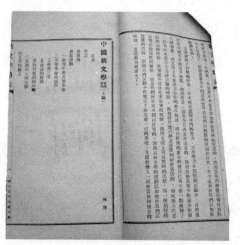

《中国新文学史略研究》

《中国新文学史略研究》
序言

要推演下去，然而过去的功绩既不可湮没，来日的演进亦要直承着这个基础，则是毫无疑问的。"这期间世事变幻，国难频仍，新文学阵营变化也是很大的，所以林庚已有"遥遥之感"的感叹。

新文学运动发轫、发展的二十多年，即20世纪二三十年代，在中国现代文学史上占有非常重要的一页，思想言论真正的百家争鸣，知识分子的独立人格，体现为民办报刊的繁荣、民间结社的自由活跃，各种流派并存，名家名著异彩纷呈。到现在一个世纪又要过去了，回望那个时代，感想如何？

买到此书后，我曾向新文学收藏研究大家姜德明先生请教过，博闻多识的姜先生也从未听说过此书，更从未见过，他认为这是新发现的林庚先生著作，是新文学史研究的一部轶著。

林庚，字静希，国学大师林志钧之子，现代诗人、文学史家。原籍福建闽侯，生于北京。1928年毕业于北京师范大学附属中学，是年考入清华大学物理系。1930年转入清华大学中文系，曾参与创办《文学月刊》。1933年毕业后留校，同时担任《文学季刊》编委。1934年起在北京大学等校兼课，讲授中国文学史。1933年秋出版了第一本自由体诗集《夜》，1934年以后，他作为一名自由诗体的新诗人尝试新的格律体，在 20 世纪 30 年代出版的新诗集《夜》《春野与窗》《北平情歌》等，给他赢得了有"晚唐的美丽"之誉的诗人桂冠而名载史册。他在琉璃厂木版刻印的线装新诗集《冬眠曲及其他》，传世之罕见，犹如云中仙子，堪称现代新善本。林庚说他自己是"教书为业，心在创作"，先是诗人，后是教授，他 30 年代从大学毕业后，一直在各高校教书育人。他曾三度撰写中国文学史，并出版许多文学史研究专著。他的这些著作，虽然有些传世稀少，但大多都有迹可循。而我收藏的这部林庚先生《中国新文学史略研究》一书，却从未见过相关著录，可能是我孤陋寡闻，也未可知。

出版于 20 世纪 80 年代的黄修己先生的《中国新文学史编纂史》，是第一部总结中国新文学研究史的专著。评论家说，"全书表现了宏观把握新文学史研究全局的气势，史论结合，见解精辟"。遍视全书却未见到对林庚先生这部重要的《中国新文学史略研究》有只言片语的评介，由此可见黄修己先生也是没有见到过此书的。人们在关注林庚先生学术成果时，好像忘记了他在新文学史研究领域的开创之功。

清曹寅刊本《楝亭十二种》

北京的三伏天，暑热难耐。现在有空调等制冷设备，室内凉风习习，消夏变得简单多了。不要说古人，就是三十年前，这些也是难以想象的。过去老北京人是如何消夏的呢？《北平俗曲略》记载："六月三伏好热天，什刹海前正好赏莲，男男女女人不断，听完大鼓书，再听十不闲。逛河沿，果子摊全，西瓜香瓜杠口甜，冰镇的酸梅汤打冰乍。买了把莲蓬，回转家园。"这是老北京都中士女，过三伏天逛荷花市场消夏的真实场景。老北京人的消夏更有意趣，这种田园牧歌式的消夏图，现代人也是难以想象的了。

20世纪90年代初，有关部门在什刹海西岸，重新恢复了荷花市场。历史上的荷花市场，只能存于前人的记录中了。如清末震均的《天咫偶闻》卷四记述的荷花市场："然都人游踪，多集于什刹海，以其去市最近，故裙屐争趋。长夏夕阳，火伞初敛。柳荫水曲，团扇风前。几席纵横，茶瓜狼藉。"新恢复的荷花市场则趣味大异。我本来对这种以追求经济为中心的假古董、伪民俗不感兴趣，但是在市场内，曾先后存在过的两家旧书店却吸引了我。

先开的旧书店是中国书店老人徐元勋先生的五柳居，不久就听说，不符合什么政策，关张了。没过多久，离五柳居不远，又开了一家旧书店，这是承包的一家中国书店，打着国营的牌子，存在了很长时间。之后，随着新荷花市场的衰落，它也消失了。

在新荷花市场没有衰落前，我还是常来逛逛的，收获还是有一些的。如清康熙扬州诗局曹寅刊本《楝亭十二种》，就是那些年逛荷花市场的收获。

曹寅，字子清，号荔轩，别号楝亭。鼎鼎大名的《红楼梦》的作者曹雪芹就是他的孙子。曹家是汉族血统的世代满洲正白旗包衣，他们的先人是关外迎降并从龙入关的，这样的资历使曹家能够成为最高统治者的贴己家奴，享受世袭待遇。

因为当时社会风气的影响，曹寅自小就深受中国传统文化的熏陶。其父曹玺初掌江宁织造时，尝于署内筑一亭构，旁植楝树，故名"楝亭"。曹寅好读书，亦好藏书。"楝

《栋亭十二种》

亭"既是他的读书处，也是他的藏书斋名。康熙四十四年
（1705），曹寅奉康熙皇帝的喻旨刊刻《全唐诗》，在扬州天宁
寺设立了"诗局"。他利用主持诗局之便，将自己所藏的一些
孤本、善本书刊刻出来，使之流传于世。

《栋亭十二种》就是其中的代表，它包括有《法书考》八
卷、《琴史》六卷、《钓矶立谈》一卷、《新编录鬼簿》两卷、
《梅苑》十卷、《禁扁》五卷、《砚笺》四卷、《墨经》一卷、
《都城纪盛》一卷、《颐堂先生糖霜谱》一卷、《声画集》八
卷、《分门纂类唐宋时贤千家诗选》二十二卷，皆"宋元人之
遗制"。十二种书的内封，右上刻"栋亭藏本"，左下刻"扬
州诗局重刻"，书后有牌记："栋亭藏本，丙戌九月重刻于扬州
使院。"时人徐乾学有诗称他："萧闲少公事，万卷拥广厦。斋
阁比蓬壶，高吟复潇洒。"

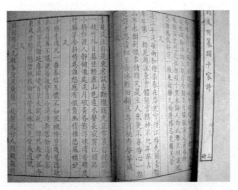

《分门纂类唐宋时贤千家诗选》

　　曹寅将这些"世不经睹"的自藏书刊刻出来，过去有人说是地主阶级的附庸风雅，现在没人这么说了。曹寅藏书刻书，发潜阐幽，以广其传，沾逮来学，当然是有利于文化传承的大好事，使藏书得到更广泛的利用。

　　黄永年先生曾在谈到清三代写刻本时，把康熙扬州诗局的精刻本书比为晋唐人小楷，观此信然。我得到的这部康熙扬州诗局本《楝亭十二种》，历经两百多年沧桑，原函原装，黄蜡笺书衣，原书签条俱在，书品堪称绝佳。每当夜深人静，孤灯莹莹，万籁俱寂。手捧前贤之佳刻，心意之畅快，几不知人间何世。

《圆明园欧式宫殿残迹》摄影集

　　圆明园欧式宫殿俗称西洋楼，是我国历史最早、规模最大的仿西洋式的建筑群，它标志着欧洲建筑与造园艺术于18世纪首次引入中国皇居园囿。乾隆皇帝在位期间，对西洋画中的喷泉很感兴趣，特命欧洲传教士郎世宁、蒋友仁等在圆明园的长春园内仿造。来自法、意等国的传教士夙具艺术素养且对西方园林喷泉耳濡目染，在中国皇家园林中仿造喷泉，既可以供皇帝赏玩，博其欢心，又可以借以夸耀西方文化。于是作为传教辅助手段、宣扬异国风光的西洋建筑与水平，就在京郊苑囿中出现，真可谓"移天缩地在君怀"（乾隆诗句）。西方传教士模仿建成的圆明园欧式宫殿，西方人称为东方凡尔赛，国人则称之西洋楼。

　　1860年英法联军攻入北京，焚毁圆明园，地处长春园一隅的西洋建筑也同时沦为废墟。本来由传教士被宠信而兴建的西洋楼，又以借口传教士被杀害而遭毁灭，经欧洲人构思督造，再经欧洲人用武力夷平，真是历史的一大讽刺。1870年前后，一个曾任天津海关监督的叫奥尔末的德国人，不知用了什么手段进入尚是"禁地"的圆明园遗址，此时距圆明园被毁仅十年左右，他用当时最时髦的照相机摄制了西洋楼残迹照片，为我们留下了珍贵的留影。奥尔末去世后，其夫人将此照片底片赠给专门研究中国建筑的学者布尔希曼教授。1931年著名学者腾固先生讲学德国，从布氏处获借底片加印这些照片后，编成《圆明园欧式宫殿残迹》一书，1932年交商务印书馆精刊印行。腾固先生在序言中叙此事之始末。就

《圆明园欧式宫殿残迹》

欧式建筑之体制风格而论，这些照片较传世的乾隆时期西洋楼铜版画更明晰、更具实证的价值，弥足珍贵。它对研究中西文化交流史、中国园林史，以及对整修圆明园都具有极大的参考、研究价值。

《圆明园欧式宫殿残迹》一书，共收照片十五幅。西洋楼建筑总平面图一张，还有一张是 20 世纪 30 年代的摄影，其余十三张照片都是奥氏 1870 年所摄，就现存照片资料而言，这是最早、最接近西洋楼原貌的照片。西式建筑不同于中国传统建筑，它是以大块的砖石材料为主，所以经过英法联军的大火之后，西洋楼毁损不多，风貌依然。奥氏所摄西洋楼残迹照片计有："谐奇趣"南面近影及远眺各一幅，"谐奇趣"东翼之八角楼、南面二层平台、"谐奇趣"北面共五幅。"谐奇趣"是园中最早的一组西洋楼，如今只余废基和残件了。此外还有"万花阵"花园门一幅，现在这里已恢复了迷宫；"方外观"一幅；"海晏堂"两副；"观水法"两幅；"远瀛观""大水法"各一幅，从照片中可看到建筑保存完好，石雕精绝。对比今日的西洋楼遗存，真有沧海桑田之叹。

《钱牧斋先生尺牍》

　　自从拍卖会成为古籍收藏的主渠道，过去那种逛摊阅肆，无意得之的乐趣，已不可得。拍卖会买书，好似鱼市上买鱼，目标明确，过程直白，比拼的是财力，意味反而索然了。逛摊阅肆则如池塘垂钓，能否有收获，收获的大小，都是未知数，享受的是一种期待的心情，所以能够上瘾，乐此不疲。

　　我收藏的民国时期徐乃昌旧藏《钱牧斋先生尺牍》三卷，就是过去那些年阅肆逛摊得到的，其欣喜快乐的感觉至今仍回味余香。《钱牧斋先生尺牍》三卷是清康熙如月楼精刻本，大题上"钱牧斋"三字还未被铲去，应该是初印无疑，典型的三代精刻本，确实赏心悦目。首页有"积学斋徐乃昌藏书""乃昌校读"和"国桢之鈢"藏印，以此得知曾是徐乃昌、谢国桢递藏之物。

　　喜欢收藏古籍的人对徐乃昌都不会陌生，他字积余，号随庵，室名积学斋，安徽南陵人。光绪十九年（1893）举人，官做的并不大，前清时做过江苏候补知府、淮安知府、授江南盐法道兼金陵关监督等，好像也没有较大的政绩影响。被人熟知的身份是著名的藏书家，被历史记住的是他一生藏书、刻书的事业。

黄裳先生很看重此书，曾以此写过《钱牧斋》一文，收入《负暄录》集中。《来燕榭书跋》中《牧斋尺牍》跋语至再至三，写得非常漂亮，这里简单抄几段："此《牧斋尺牍》三卷，系与归氏尺牍合刻者。刊刻颇精，诸札《初学》《有学》二集俱未之收，颇存钱氏故事。论事知人，此种最妙，往往能见真性情也。""欲见明时大老乡居种种，殆非于此中索之不可也。"

钱牧斋是明朝末年位高望尊的一代名士，易代之际在民族大义面前的"气节"问题，让后人痛垢。时移则事异，如今就连吴三桂、洪承畴、施琅等辈，都能从变节可耻的汉奸，高升到促进民族团结的英雄人物，那么钱牧斋临难苟且的气节问题，还算得了什么呢？此亦一是非，彼亦一是非，不能不令人感叹。

鄙藏的《牧斋尺牍》得于琉璃厂海王村，是在那座清末老建筑——未毁前的老"三门"买到的。所谓"三门"者，是中国书店第三门市部的简称。在改革开放前，古籍旧书是不向普通读者开放的。门市部设在老楼的一层，主要是卖文史类新书。买古旧书的地方，用书架和屏风与大堂隔开，形成一个独立的空间。里面光线昏暗，白天也要开着灯，那种陈旧的气息，和百年老楼倒很相称。这里平时来的人很少，要鼓起点勇气才敢进入。老店员的目光好像一眼就能看穿你的底细，翻看的时间稍微长一点，往往就要问"你找什么书呀"等问题，没说出口的意思，就是不要瞎翻了，颇有逐客之意。发现这三卷尺牍让我很是兴奋，几百元的价格让我一时难下决心，惜书与惜钱交战的结果，终于是把书捧回了家，说来已是二十多年前的往事了。

画家吴昌硕的《缶庐集》

吴昌硕被称为"后海派"艺术的开山代表、近代中国画坛承前启后的一代巨匠，也是西泠印社首任社长。因为名气太大，哪怕是没读过美术史的人，都知道他是著名画家。其实吴昌硕六十岁以后，画名才逐渐满天下，他生平自许诗为第一，同时代的诗坛名宿，如陈三立、郑孝胥等对吴昌硕的诗都非常称赞。王森然先生在《近代名家评传》中评说吴昌硕，"先生者，文人也，非画家也"。确是知人之论。

吴昌硕一生具有诗人本色，遣兴寄性，苦吟不断。他曾自述作诗的甘苦："予欲写吟诗图，谓必极天下枯寂寒瘦之景，方能入妙，苦无稿本。丁亥初冬，寓黄歇浦上，夜漏三下，妻儿俱睡熟，老屋中一灯荧然，光淡欲灭。缺口瓦瓶，养经霜残菊，憔悴如病夫。窗外落叶杂雨声潇潇，俟响俟止。可谓极天下枯寂寒瘦之景，才称酸寒尉拥鼻微吟佳句欲来时也。"这是诗人的内心独得之境。

吴昌硕于道光二十四年（1844）生于浙江省孝丰县鄣吴村（现湖州安吉）。他有《七十自寿》诗，可当作自传看："我祖我父称通儒，可怜无福授我书。我年十七遭寇难，人亡家破滋忧虞。甲午从军出山海，庚子干戈走而骇。事变复见辛亥冬，热血若沸催心胸。聊聊四壁生秋风，卖字得钱醉一斗。有口不饥技在手，鲁公乞米羲之鹅。""缶庐"是吴昌硕最常用的室名别号，他有《缶庐诗》记其事："以缶为庐庐即缶，庐中岁月缶为寿。……既虚其中守厥口，十石五石颇能受。兴酣一击洪钟吼，廿年尘梦惊回首。出门四顾牛马走……"

民国十六年（1927）11 月吴昌硕病逝于沪寓，享年八十四岁。他一生朴实率真，不吹牛，不做作，有情、有义、有趣。据王个簃回忆说，吴昌硕晚年贪吃零食、肉食，家人限制他多食，吴昌硕就玩"躲猫猫"打游击，十足的老顽童。他十六岁时与章氏姑娘订婚，还未成婚章氏就死于离乱，吴昌硕一生无论顺逆腾达，都不忘章氏之情，他六十六岁时，曾刻有一方"明月前身"印章，为章氏夫人造像，"原配章夫人梦中示形，刻此作造像观，老缶记"。痴情至此，古今少有。陈巨来《安特人物琐忆》中的吴昌硕栩栩如生，风趣得很，如他曾娶一美姜，未两年，不别而去，和别人私奔了，吴昌硕自作解嘲，"吾情深，她一往"。读来令人忍俊不禁。

吴昌硕生前出版有诗集两种，一为光绪十九年（1893）刊本《缶庐诗》，四卷附别存一卷。另一为入民国后，复有《缶庐集》四卷行世，为吴兴刘承干刊本，有郑孝胥、沈增植、刘承干、谭献等人的序。刘承干是著名的藏书家，是很懂得书之趣味的人，又豪于财，他刊印的书不惜工本，以精美著称。《缶庐集》仿宋写刻上板，佳纸好墨刷印，开本阔大，远比光绪十九年的《缶庐诗》赏心悦目。《缶庐集》虽刊行较晚，但传本极稀。

寒舍所藏的《缶庐集》，得于琉璃厂遗产书店开业当天，那是 2001 年 8 月 8 日一个晴朗的好日子，书友们闻讯早早就聚在门口，待剪彩讲话仪式后，大家兴高采烈一拥而入。当时书架上的好书太多了，套句俗话讲，真是琳琅满目，目不暇接，价格也出人意料的贵，如我买到的这套《缶庐集》两册，定价 1000 元，民国刊本当时卖这个价格已经算是高价了。我买下这套书后，还曾被谢其章兄等视为大头而被取笑。文化遗产书店特制的定价签和古小库的标签，至今都还完好地保留在书上，作为那时候买书的纪念。转眼已是十六年前的事了，遗产书店也早已关门。一卷在手，往事如烟，不知今夕何夕。

许兴凯的《西郊游记》

　　我平时很喜欢读些游记一类的东西，因为游记是"以轻快的笔调、生动的描写，记述旅途中的见闻，以及某地的政治生活、社会生活、风土人情和山川景物、名胜古迹等，并表达作者的思想感情"（辞海释语）。游记不是什么正经史料，所以读读游记只是为开开眼界，看着轻松，增长见闻而已，不会有什么功利目的。索居无聊时，可破一日之岑寂。好的游记作品，应该包括作者的足迹所至、所见所闻，还要有所思所感，古人谓之卧游。

　　现在是互联网时代了，文字记录的游记形式日渐式微，好的游记已经很难见到了，只能向古书旧籍里找寻。过去淘书时光，见到这类游记、旅游指南之类的东西，只要不是价格离谱，我都会买回来，积存起来也有一些了。

　　如果游记内容是我熟悉或曾经到过的地方，这样的游记我尤其喜欢看。读来的感受就更不一样了，脑海中新旧对比，好像时空错换，读这样的游记简直就是神游了。

《西郊游记》就是我那时候买来的旧籍，总共 45 页，薄薄一册，费银 50 元，这是我喜欢的有关古都风貌内容的书，回来翻查《北京史地书目》，未见收存，所以，钱也并没觉得花的冤枉。

《西郊游记》出版于 1934 年，作者许兴凯，这是《国立北平师范大学乡村教育实验区民众小丛书》之一，这套小丛书，还有其他单本存世吗？因为我没再见到过，所以也就不知道了。抄一遍目录如下：（一）《冬日的西郊》（从香山到温泉）；（二）《黑龙潭上》（冬日的西郊之二）；（三）《汤山洗澡》（注：是海淀温泉，不是昌平小汤山）；（四）《西山避暑》；（五）《从温泉到大觉寺》（西山避暑之二）；（六）《金仙庵到妙峰山》（西山避暑之三）；（七）《滴水崖前》（西山避暑之四）；（八）《山僧说佛法》（西山避暑之五）；（九）《妙峰山朝顶进香》。

《西郊游记》所记述的西郊，主要是现在北京海淀区的山后地区和门头沟妙峰山一带。作者的足迹所至，近五十年来我基本都走到过，有的地方还生活过。到 20 世纪 80 年代初，这一地区的风貌，如大片旷野田地、河塘莲叶、十里杏花等，都还与《西郊游记》时代差不多。改革开放后，这里人口剧增，圈地建房，盲目发展，郊野风光不复存在了。进入新世纪后，海淀山后地区已经荣登著名的北京交通暴堵地区了。

再说说作者许兴凯，这人很有些意思，他是旧京文坛上有名的"老太婆"，是北平师范大学著名教授，既有学术著作，又写过多部小说，小说有《太太的国难》《摩登过节》《明清演义》《县太爷》等，其中长篇小说《县太爷》曾在《大公报》连载，轰动一时。据说，他身材矮胖，不修边幅，走起路来像鸭子一样摇摇摆摆，人称"老太婆"，而且满脸麻子。或许为了自我解嘲，他就以"老太婆"为笔名，并以此名世。他行文诙谐幽默，嬉笑怒骂，全无顾忌，如在这本《西郊游记》书中，他就常常拿当年最有权势的"党国要人"开涮，而不是歌咏什么盛世辉煌。

抗战军兴，他随学校西迁到陕西城固的西北联大，之后就留在了西北大学，1952年抑郁而终。人往风微，如今像许兴凯这样的教授名人，如同逝去的西郊风貌一样，过去的真就过去了，不会再有了。

从《妙峰山琐记》谈起

　　大约在 20 世纪 70 年代末，我忘了从哪里听说妙峰山香会的故事，便约上几个同好，仗着年纪轻，体力壮，竟从北安河翻山越岭徒步到金顶妙峰山游玩，走的就是早已荒芜的进香古道。那时的妙峰山神走庙塌，寂无一人，荒烟蔓草中只有一座白石塔孑然孤立。山下是有名的涧沟村，经询问故老知道，现在进香赶会的习俗早已破除掉了，妙峰山的盛景已成为遥远的记忆。

　　据清末《燕京岁时记》载："妙峰山……每届四月，自初一开庙半月，香火极盛……人烟辐辏，车马喧阗，夜间灯火之繁，灿如列宿……香火之盛，实可甲于天下矣。"再看看 1937 年官修《旧都文物略》中的记载，"四月妙峰山之娘娘顶，则香火之盛，闻于远迩，环畿三百里间，奔走络绎，方轨叠迹，日夜不止。好事者沿路支棚结彩……以待行人少息……而乡社子弟，又结队扮演灯火杂剧，藉娱神为名，歌舞于途，谓之赶会。会期之前，近畿各乡城镇，皆有香会之集团首事者，制本会之旗，绣某社名称。……至期，香客入山，各认所隶之旗，趋入队中，一切瞻拜、休息、饮食、住所，由首事者指导招待，诚敬将事，从无欺蒙之弊，故旗字均标明某某老会云。……凡祭赛事毕，先后散于庙内，外肆摊购绒绫花朵，插帽而归，谓之戴福。"

妙峰山香会敬奉的主神"王三奶奶"，其实和东南沿海省份敬奉的"妈祖"一样，据说都是从真人演化成神，能替世人消灾除难，是独具中国特色的民间信仰。

神的命运有时也会和人的命运一样，都有走运和背运的时候，"妈祖"神这些年来一直走红运，祭神、迎神郑重其事，轰动上下，荣登有国家名片之称的邮票，风光无限。而"香火甲天下"的北方"王三奶奶"，就没那么幸运了，神像被破除掉还可以恢复，但早已失去了神的尊崇地位和神秘色彩了。现在的妙峰山虽然为"王三奶奶"正名，重塑金身，但了解她、敬奉她的人寥寥无几。今日妙峰山上，香客变游客，敬神变表演，同恢复的所谓香会一样，表面上锣鼓喧天热闹得很，其实已沦落为旅游的道具、骗钱的把戏了。语曰神圣不可侵犯，再恢复谈何容易。

过去的妙峰山是以庙会的形式将拜神、集市和民间演出融为一体，香会、善会、花会同步互动，是旧京乃至华北地区最具民族特色的文化活动之地。在 20 世纪初，妙峰山开始引起学者们的注意，他们先后对妙峰山庙会开展多次实地考察。

顾颉刚编的《妙峰山》一书，就是包括他写的《妙峰山的香会》等多人考察文章的合集。《妙峰山琐记》是满族人奉宽集三十年之力写成的。两书初版于 1927 年，同时收入中山大学语言历史研究所的民俗学会丛书。幸亏前人留有这些珍贵的记录，否则我们要被那些伪民俗表演给骗了。

古籍中的毛边本书欣赏

　　喜欢书的朋友，非常热捧毛边本。就是新出版的书，装订时减少道工序，三边不裁切，就能卖上好价钱。这也难怪，爱书的人往往更看重书的外在形式。最早倡导毛边本书的是鲁迅先生。他在 20 世纪 30 年代，给青年作家萧军的信中就直言不讳地说："我喜爱毛边本，宁可裁，光边书像没有头发的人——和尚或尼姑。"他曾给毛边本下过定义："三面任其自然，不施切削。"即是指在装订时，没有被切边的书，装订后仍然保留着印张折叠的原样。

　　鲁迅先生不但坐而言，更是身体力行。他出版的书绝大多数都有毛边本，并带动毛边本风行一时。鲁迅自创"毛边党"，推他为党魁是毫无疑义的。毛边党继任大将，要数著名藏书家唐弢先生了，他继承和发展了毛边本理论，更把鲁迅先生的毛边本理论推到了一个"崭新的历史阶段"。他对毛边本有着经典的叙述，唐弢说："我觉得毛边书朴素自然，像天真未凿的少年，憨厚中带些稚气，有一点本色的美。至于参差不齐的毛边，望去如一堆乌云，青丝覆顶，黑发满头，正巧代表着一个人的美好青春。"听听，多美呀。难怪时下的爱书人，这般追捧毛边本了。

有人考证毛边本是起源于欧洲，历史不到一百年。但是，在我可怜的古籍收藏中，就有这样的毛边书，历史早就超过一百年了。看来，毛边本不是什么新生事物，更不是舶来品。用一句自我陶醉的老话说，也是"古已有之"了。我收藏《通隐堂诗存》四卷、《梵隐堂诗存》十卷是同治六年（1867）百楼花草堂刻本，陈锡甫镌刻，冯桂芬作序："泊为和尚，袖手局外，蒿目时艰，一腔抑塞幽愤之气，无所发纾，不觉见之于诗。"原装共三册，纸捻毛装，有前人朱笔点读。这三本蓬头不垢面的书，完全符合"毛边党"人对的毛边本定义。书口平整不毛，而其他三边都听任自然"不施切削"。这样也就不必备竹刀，边读边裁影响阅读情绪了。因为中国古籍都是折页装订，所以，这个毛边本更具有"中国特色"。

《通隐堂诗存》四卷和《梵隐堂诗存》十卷，作者是位清朝的和尚，名叫祖观，这些是他写的诗集。他出家前的俗名叫张京度，元和人，字莲民，号觉阿、觉阿上人，室名通隐堂、梵隐堂。关于他的行止生平，我不清楚，也没查到多少相关资料，只有这几句莫名其妙的话来描述他，"在常州天宁寺与父母及弟同时出家，受具戒。庚申避乱太湖冲山岛，为募捐田百余亩，建仓于山巅，遇饥则赈之，山中人尤感其德。未几示寂，众老少咸顶礼哀悼之。"他的居所名为"五百梅花草堂"。对他的诗的艺术性赏评，不是本文所要评说的，总的感觉是，出家人之作，少了些许人间的烟火气。

书得于琉璃厂中国书店。在过去，这样的书就是行话说的架子货，算不得什么好东西，不受人待见。当年这书在店里的书架上，不知躺了多少日子，翻来覆去没人买。因为我不会送礼拉关系，店里有好书不会给我留，不会给我开小灶。所以我只能在架子上挑，时间一长，矬子里边拔将军，这套毛边书也就让我买回了家。想不到，才过了二十多年，古籍的书价飞上了天，现在，想买这样的书，也不是件容易的事了。前尘往迹，很值得留念。

《避暑山庄三十六景》版画集

　　藏书之乐在于寻访的过程，前辈藏书家不说买书，而常常用淘书、访书来形容，可知重点就在于淘和访的过程。逛冷摊、跑小市并不都意在捡漏、找便宜，主要还是乐趣在其中。北京报国寺的旧货市场说不上是冷摊小市，因为每当开集之日，百货杂陈，常常人满为患。那几年我体力尚足，闲暇时，愿意到这个市场中消磨时光，兴致旺盛时，可以说是逢集必赶，本着一位书友"有枣没枣，打一竿子"的理念，坚持了有十多年。寒来暑往，春花秋月，多少也留下了些可资纪念的东西。

　　有一段时间，每到报国寺开市之日，总见有一位中年妇女，背一大背包来此摆摊。东西不多，很杂，常有令人眼亮之物。我一好友曾在她的摊上，以廉值买到过康熙扬州诗局开化纸初刻初印《全唐诗》十几册，书品如新，就连书签装订丝线都原装无损。另见有一豪客，从她这里买到过版本学家王重民亲笔批校的《四库目录标注》。其他比如新文学和红色收藏的书，也都有令人意外的出现。有人曾以50元在她这里买到过1937年版的《毛泽东传》，据说，转手在网上拍了近万元。所以，这个摊位很快引起了众多淘书客的注意。

她每次出摊总是被围得里外三层，大受欢迎。我反应慢，常常挨挤不上，众人散去后，也就没啥可要得了。语曰：常在河边走，哪有不湿鞋。时间一长，我有时能赶上她出摊晚点，摆摊点又换了我正好去的地方。赶巧那天起得早点，进入市场后，我随机从右边开始逛，正巧赶上她也在右边出摊。这样机缘凑合，我也就能从她那里买到一两件可心的。有一年，夏天一个清爽的早晨，我赶到报国寺时，天已经蒙蒙亮了，她刚刚摆摊，已经围了七八个人。不大的摊儿上，摆了不多的杂书，正失望时，不知谁把一本书扔回她的摊儿上，我说："是什么？递给我看看。"她说："一本石印画册。"说着递到我手中。略一翻看，很熟悉的画面，细若游丝的线条。问多少钱，回答很干脆："100元。"还犹豫什么，付款走人吧。

这是康熙殿版《御制避暑山庄诗》插图集，尚是开化纸原刻原印，折页打开，被无识之人裱贴在另纸上，重装的封面上，原藏者题"畅春园山容水态三十四景"，真风马牛不相及。诗则早已不存了，应该说是本残书。但是，最关键的图都还保留完好。"《御制避暑山庄诗》二卷，清圣祖玄烨御纂，揆叙等注，康熙五十一年内府刻朱墨套印本。半页六行，行数不等，小字十二行，行二十字。卷首有康熙五十年御制《避暑山庄记》，卷末有康熙五十一年揆叙等跋。"康熙皇帝一生勤勉好学，博学多才，能诗善文。是书为康熙"从避暑山庄中选出三十六景，每景作诗一首，并命揆叙等儒臣为其诗逐句注释"。注释之引文出处用红线标出，朱色句读，清晰醒目。每诗后附一图，图绘精工，布局缜密，版面雅洁，线条刚劲流畅。诗情画意，相得益彰。内府刻书不惜工本，故此书绘刻纸墨俱臻上乘，为清初版画之代表作。其最后一幅《水流云在》图左下方隽有款识三行："内务府司库加一级臣沈／喻恭画鸿胪寺序班加二／级臣朱圭梅裕凤同恭隽。"据此，知此图绘者为沈喻，隽版者为朱圭、梅裕凤。

　　这是一部在我国版画史上非常著名的版画集，用笔工整明细。为了适应镂版的特点，画家沈喻大量使用"牛毛"的细笔皴擦，使画面清晰，层次分明。木刻家朱圭、梅裕凤更能精致地通过刀法表现画中情调。《避暑山庄三十六景》是殿版山水版画的代表作。沈喻是康熙时期一位宫廷画家，三十六景构图变化多样，看得出作者的苦心经营和匠心独运。

至于木刻家朱圭，早年刻过《凌烟阁功臣图像》以及画家金古良的《无双谱》，这两部都是版画史上的著名人物画册。康熙时期，焦秉贞的名作《耕织图》也是朱圭和梅裕风合刻的。

藏书家黄裳先生说，要想买到好书，无他，只有肯出大价钱（大意如此）。前辈可谓金针度人，古籍拍场上一掷万金的豪客，正是黄裳先生买书理论的最好实践者。而我却很怀念逛小摊的乐趣，虽然知道靠逛冷摊、跑小市，是当不成藏书家的。这册被改装的康熙殿版《避暑山庄三十六景》图，算是冷摊前的流年梦影吧。

民国红印本《张沧海压妆诗》

鄙人收藏的这册《张沧海压妆诗》薄薄一册，雕版印刷于 1924 年。存记事诗八首，正文仅四页。严格地讲，称之为书都很是勉强。但它确是红印本，用的是上好朱砂墨，到今天还红得那么艳丽，看着叫人眼亮。书背面的标价签，说明这是在琉璃厂古旧书市上买到的，标价仅 8 元。这在当年都是很便宜的价钱，红印本现在已成为古籍拍卖场中的尤物，非有大力者，难以揽入怀中。余老矣，难以再走红运，已经不作如是想了。

《张沧海压妆诗》，顾名思义作者是张沧海先生，他是著名的研究老北京的专家张次溪之父。张沧海去世早，不如其子名气大，现在许多人对之不甚了了。沧海是他的号，他叫张伯桢，字子干，号沧海，又号篁溪，以号行，广东东莞人。1902 年，他于广州读书毕业，是康有为"万木草堂"弟子，

1905 年，远赴日本留学，张伯桢是最早留学日本的学生之一。他进入日本法政大学至 1909 年学成，1910 年赴北京参加廷试，"钦点"七品京官，任法部制勘司主事，参与"宪政筹备处"起草宪政草案，任副主稿。民国成立后，直到政府南迁，张伯桢一直任司法部监狱司第一科长之职。政府南迁后，张伯桢退出政坛，致力于文史资料的搜集、研究和编著。他著有《张篁溪遗稿》《南海先生全书》《南海康先生传》《焚余草》《篁溪笔记》等，刊刻《沧海丛书》一到五辑，还有《袁督师遗集》《袁督师配祀关岳议》等，又创办《正风半月刊》。晚年的张伯桢遁入佛门，1946 年在北平病逝。

张沧海写诗给他女儿"压妆"，寄托了骨肉之间浓浓的情意，刻印出来分赠亲友，也是旧时代文人结习，此道已成广陵散矣。"今将于归，爰赋诗八首，以为压妆，聊以记事而已。甲子夏历二月初九日录与赐莓第四女保存。"甲子年即公历 1924 年。八首诗附补注，记录了他女儿从出生到出嫁，也就是在娘家时期的主要人生经历。这册压妆诗已成为旧日婚姻风俗的见证了。

张沧海的女儿生于癸卯（1903），十岁时随父离别故乡，"故乡烽火起西郊，我亦移家别故巢"，诗注："癸丑（1913）二月，余以粤乱，携汝母汝庶母汝姊汝弟赴都，汝才十岁汝弟仲锐才四龄。"文中所说的"仲锐"就是后来大名鼎鼎的张次溪，从此张篁溪一家告别了故乡来到北京。诗注还说："汝十四岁丧母，十七岁考入京师女高附属中学，二十一岁毕业，陈杏萍女士介绍与陈君友琴订婚。"

现今北京龙潭湖公园内南侧，曾是当年张伯桢全家在京的居所，时人称为"张园"。压妆诗记述了他女儿在此居住、读书的生活，可以想见当年张园之幽趣，诗曰："当年负笈宿张庄，庭院深深睡海棠，窗下自钞名士稿，枕边嬉弄女儿箱，偶凭曲槛增幽兴，故撷时花衬晚妆，极目连仟满芳草，蛙声断续听池塘。"诗注："此诗记汝读书张园。"据《崇文区政协文史资料》："张园是张伯桢于1919年建，属私家园林。园内建有一处袁崇焕故居。相传袁崇焕于明崇祯年间，率军抗清入卫京师时，曾在此地屯兵驻扎，张伯桢在此聚集过康有为、齐白石、陈三立、章士钊、叶恭倬等到张园参拜袁崇焕遗像并植松缅怀先烈。同时留下大批名人即景绘画及题词。"齐白石与张篁溪交谊深厚，曾经长期寓居"张园"，张次溪笔录的《白石老人自传》一书中，白石老人有段对张园很传神的回忆："你家的张园……原是明朝袁督师崇焕的故居，有听雨楼古迹。尊公篁溪学长在世时，屡次约我去玩，我很喜欢那个地方，虽在城市，大有山林的意趣。西望天坛的森森古柏，一片苍翠欲滴，好像近在咫尺。天气晴和的时候，还能看到翠微山峯，高耸云际。远山近林，简直是天开画屏，百观不厌。有时雨过天晴，落照残虹，映得天半朱霞，绚烂成绮。附近小溪环绕，点缀着几个池塘，绿水涟漪，游鱼可数。溪上阡陌纵横，稻粱料蔬果之外，豆棚瓜架，触目皆是。叱犊呼耕，戽水耘田，俨然江南水乡风景，北地实所少见，何况在这万人如海的大都市里呢？"

　　现在龙潭公园袁督师庙内砌在墙上的袁崇焕遗笔"听雨"二字石刻，就是从原来的张园移过去的。1958年，张次溪将面积约2.5亩、房屋共14间的张园，捐献给政府，划归北京市龙潭公园。1991年这座很有意义的张园被全部拆除，主事者之无识，真让人无话可说。

醇亲王的《窗课存稿》

　　《窗课存稿》二卷，清同治年醇亲王奕譞刊本，这是奕譞为纪念他的老师朱凤标编选刊刻的。此书收录奕譞在上书房课窗十多年写的诗，"其中出自心裁者，十无三四，大都蒙师更定。夫情之所专，即为心血所著。"奕譞刊刻这些窗课存稿的用意是"俾观者得系师之修身敦品，并余谬乘厚惠始末"云。

　　朱凤标（1800—1873），字建霞，号桐轩，系宋代理学大家朱熹第二十一世孙。他榜眼及第后，授翰林院编修，历任道光、咸丰、同治三朝五部尚书、上书房总师傅、协办大学士、体仁阁大学士、武英殿总裁等职，时称"萧山相国"。朱凤标为官刚正不阿，办事秉公无私，博得清廷三朝皇帝的器重。同治十二年（1873）朱凤标病逝，享年七十四岁，被追赠太子太保，谥号"文端"。

醇贤亲王爱新觉罗·奕譞，字朴庵，号九思堂主人，又号退潜主人。清道光帝第七子，兄为咸丰帝，奕譞的正室是慈禧太后的妹妹，可谓天潢贵胄，显赫无极。奕譞从六岁起就在上书房读书，整整度过了十四个寒暑。朱凤标是他的启蒙老师。到咸丰八年（1858），朱凤标再次到上书房给奕譞授读时，奕譞已经十九岁了。

清皇室非常重视皇子的教育，挑选师傅要出自翰林，学问好自不必说，更要品行端正。皇子与老师们朝夕相处，年复一年，感情之深甚至超过父母。老师对皇子的要求也是很严格的，奕譞在自序中提到，读书者每日歇息不过一二次，每次不过一刻，且须师傅批准。读书间隙还要讲书论史。如果功课没有完成，也有罚下榻站立诵"以示警诫"。严格的教育给奕譞打下了坚实的文化功底，对其性格的陶冶也产生了深刻影响。奕譞在自序中说："余自幼迄长，与师相依，如负冬日，不可暂离；又如行悬崖，傍深渊，不敢旁移跬步。"他与师傅朱凤标感情深厚，甚至达到"不可暂离"的程度。严格的教诲形成了他谨小慎微、循规蹈矩的秉性。即便后来位极人臣，他仍旧终日如行悬崖，如临深渊，不敢越雷池半步。而他一辈子功业的成败，与这一性格特点又是息息相关的。

奕譞的儿子是光绪帝载湉，他的孙子为宣统帝溥仪，另一个儿子载沣是末代摄政王。所谓"两代潜龙，一朝摄政"，有清一代，绝无仅有。但是奕譞并没有什么功业建树，也没有扭转大清的国运。有人说，奕譞的学识和才智都不及令兄恭亲王奕䜣，但他在官场上的遭遇却远比令兄顺利。奕譞深谙"明哲保身"之道，不因身份显贵而稍露锋芒，这是他一生荣显未遇蹉跎的重要原因。

奕譞的谦卑与政治上的懦弱，使他在诡谲多变的政局中长期立于不败之地，在君主专制体制下，一切有性格、露锋芒的人，在官场中都难以存活。奕譞在儿子做了皇帝后，做出了两件常人难以理解的事。一是上了一道《豫杜妄论》的密奏，从字面上看，就是预先防止有人提出"妄论"，他的目的就是怕儿子做皇帝后，重蹈明嘉靖帝"大礼议"的覆辙。二是"诚恳请罢一切职务"，他说："惟有哀恳矜全，许乞骸骨，为天地容一虚糜爵位之人，为宣宗成皇帝留一庸钝无才之子。"这其实就是奕譞过人的聪明之处，只是苦了国家。"财也大，产也大，后来子孙祸也大。若问此理是若何？子孙钱多胆也大，天样大事都不怕，不丧身家不肯罢。"以上这段话，单独拿出来，谁会想到这是光绪皇帝的生父、天潢贵胄的醇亲王奕譞书写的治家格言呢？自古"明荣辱，知进退"的人无疑是智者，这个"智"是大智慧。

我买这书还有另一层意义，我家从 20 世纪 60 年代末就居住在北大教工宿舍蔚秀园，这座园林是前清醇亲王奕譞的西郊别墅。旧时王谢堂前燕，飞入寻常百姓家。当年园内住户不多，山环水绕，一切还保存得很完整。一晃几十年过去了，春风夏梦，想到一百年前的这位醇贤亲王，我们都先后食息在同一个地方，也是一种缘分吧。

《京津风土丛书》

　　今年中国书店举行的"第十二期大众收藏拍卖会"，可以说是文史学家吴晓铃先生遗藏专场拍卖会，虽然没有什么宋元善本、明清精刻，但以其近代书刊的资料性、学术性和稀罕程度，还是吸引了众多买家，可以说这是一场很有特色的书刊拍卖会。笔者从众，兴之所至，亦竞得几件心仪之物，其中以民国时期北京琉璃厂松筠阁发售的《京津风土丛书》为难得的好书。

　　《京津风土丛书》为东莞张江裁编印（铅印线装一厚册），前有周作人手迹影印的序及掌故大家瞿宣颖先生的序。"丛书兼采此两地之故实，凡流传稍希者若干种"汇为一编，具有极高的史料价值。《京津风土丛书》共收有关名胜古迹、市井民俗著作十四种，有两种是讲天津的，其余都是讲北京的。主要收录有《北京形势大略》《燕都名胜志稿》《旧京遗事》

《燕都访古录》《琉璃厂书肆记》《大兴岁时志稿》《春明岁时琐记》《燕市货声》《燕市负贩琐记》《燕市百怪歌》《津门百咏》《天津杨柳青小志》等。仅从这些书名中，我们就可以嗅出一股浓浓的旧京风情味来。

周作人先生在序言中，从欣赏的角度肯定了其文学价值，他说："不佞从小喜杂览。所喜读的品类本杂，而地志小书为其重要的一类，古迹名胜固复不恶，若所最爱者乃是风俗物产这一方面也。中国地大物博，书籍浩如烟海，如欲贪多实力有不及，故其间亦只能以曾游或所知者为限，其他则偶尔涉及而已……有如许好书汇为一集供爱好者批览，此固不限于今日，唯在今日自更足珍重也。"瞿宣颖先生从书籍聚散的视角，肯定了这部丛书的史料重要性。他说："古来纪都邑之书，巨帙易广流传，而零篇短简往往湮没不为人所重。"把易失传的零本小册汇为一篇，正是这部丛书的价值所在。我们今天再看这部丛书，其史料价值更为显著。确有"日下旧闻增后考，春明余录梦前身"的感叹。

张江裁，字次溪，以字行，号燕归来簃主人，室名燕归来簃、双肇楼等。孔教大学毕业，民国时任北平研究院史学研究所编辑。他是广东东莞人，长期生活在北京，热爱北京风土，是大家熟知的研究北京风俗掌故的作家。一生著作两百余种，主题不离其宗，最为人熟知者如《燕都风土丛书》《人民首都的天桥》《清代燕都梨园史料》等。他得益于家学，少年即负大志，十三岁就已注意到一些民间绝技正濒临失传，开始搜集这方面的史料。二十六岁便跻身顾颉刚主持的史学研究会，独当一面负责编写《北平志》。最后要交代一下《京津风土丛书》的成交状况。它是以无底价形式起拍的，经多轮竞价，终以350元落入掌中。这部书不但是编者题赠签名本，书中还有多处晓铃先生的墨笔批校，弥足珍贵。这钱花的并不冤枉。

《中国文人画之研究》

陈师曾（1876—1923），名衡恪，号槐堂、朽道人，江西修水人。他能诗文，善书法，精篆刻，尤工绘画，是民国初年北方画坛的领袖人物。他的画得吴昌硕大师指授，参沈周、石涛、陈道复、徐渭诸家笔意自成风格。而他的美术理论代表之作——《中国文人画之研究》，被美术史家誉为"20年代中国画论争的压卷之作"，是现代美术史上的里程碑。

五四新文化运动时期，陈独秀等人高举"美术革命"大旗，对传统的中国文人画进行了猛烈的批判，由此引发了中国画何去何从的大论争。中国画是否真的到了"穷途末路"？它的精髓与价值何在？陈师曾的《中国文人画之研究》回答了上述问题。陈师曾科学地阐发了传统文人画的价值和意义，从绘画的本质、文人画的要素、技巧和形体观念等方面为文人画争辩，并主张以本国之画为主体，会通西法。同时他也看到了在个性、象征性、"不以形似立论"等方面，文人画与西方现代艺术的某些契合之处。陈师曾把文人画提纲挈领地总结为："文人画之要素：第一人品，第二学问，第三才情，第四思想，具此四者，乃能完善。"

陈师曾的《中国文人画之研究》对文人画做了全面的、言简意赅的评价，触及其真正价值和根本要素，不乏真知灼见。在此之前，古人对文人画的理论解释都是零碎而单纯的，陈师曾创造性的论述使其从零碎变为系统、简单变为丰富，是近现代研究文人画的开拓之作，具有深远的历史意义和极强的现实意义，实际上是对全盘否定文人画者的回答。

关于陈师曾这部里程碑式的美术史论著作，后期的一些美术史论家在引述、论及时对其版本渊源往往略而不详，或陈陈相因，互相转引，缺乏第一手资料。上海书画出版社1998年版《中国画学著作考录》也只简单地说《中国文人画之研究》"出版于民国十一年，未见初版本"，可见此书传世之稀。笔者竟有幸偶得《中国文人画之研究》初版本于京城琉璃厂旧书肆中，书为宣纸精印，丝线装订，四十开巾箱小册，古朴淡雅，完全是中国传统古籍装帧的特有形式。书前有著名画家姚茫父的序和名士廉南湖的题词。文中写道："东京美术学校教授大村西崖居士，为余八年前旧交。此次来游，先过京师，识陈君师曾，相与论文人画，师曾为译其所著《文人画之复兴》一卷，而附己作于后。陆费君伯鸿以仿宋字体合刻之，名曰《中国文人画之研究》。"记述了成书之始末。

《四十年来之北平》

　　世纪之交，百年回首，回顾北京走过的足迹，是非常有意义的事。出版于1949年的《四十年来之北平》，正是对20世纪前四十余年，也就是所谓旧中国时期，从北京到北平，又从北平回到北京，这一段历史的回眸俯瞰。可见《四十年来之北平》是研究中国近代史、北京城市发展史不可忽视的重要史料。

　　1949年，北京（那时还称北平）和平解放，旧时代结束，新中国将要诞生。当时正处于新旧交替、百废待兴之时，编者抓住这一历史时机，明确《四十年来之北平》主旨，目光还是非常敏锐。《四十年来之北平》1949年6月由上海子曰社出版，16开文史类丛刊，黄萍荪主编，这是唯一限定时间、地点且很有时代特色的刊物。此书包括20世纪初到北平和平解放，这一时间段大约四十年中，在北京发生的重大事件和活跃的重要人物，从政治、经济和文化等方面，做了一个"集锦式"的回顾。

1949年6月《四十年来之北平》正式出版发行，同年12月，因为北平已成为新中国的首都改称北京。所以，《四十年来之北平》仅出创刊号一期。为迎合新形势，编者随即经过重新编排，又以《四十年来之北京》的刊名，重新出版创刊号第一期。次年，也就是1950年2月，出版第二期后就无疾而终了。前后加起来，共出版了三期。经过五十多年的沧桑，现在就更珍稀难见了。我能以廉价得于京城旧书摊，可谓幸事。

《四十年来之北平》主要内容篇目，颇多旧京艺苑掌故史料，有张伯驹先生《略谈四十年之京剧》、景孤血《四十年来之北京梨园界》、徐悲鸿先生的《四十年来北京绘画述略》等，都是全景式回顾。此外还有邱吾之《京师艺苑沧桑录之一：从陈师曾、齐白石谈起》、张伯驹《北京的收藏家与鉴赏家》等。作者都是一时之选，相关行业的专家，这是《四十年来之北平》刊物的特点之一。谈文化界往事也是该刊的特色，如谢兴尧的《红楼一角》《五四前后的北大》、周作人的《红楼内外》、胡先骕的《京师大学堂师友记》等。记述民国初年史实的《北府内阁丛述》《北府总统漫谈》《春耦斋与阁潮》《交通系与民初政局》等，均为当事者所作，极具参考价值。而《北京的人情味儿》《北京味儿》等，仅从篇名就可嗅出浓浓的老北京民俗风味儿来。《四十年来之北平》的封面，分别采用徐悲鸿、吴湖帆的绘画作品，并请邓散木、李济深、马叙伦题写刊名，双美并聚，色调高雅大气，极具收藏观赏价值。

新中国文物保护史上的珍贵文献

在举国欢庆新中国成立五十周年之际，我从旧藏中找出一册出版于五十年前的小册子，向读者介绍，所谓应景之作吧。它是新中国文物保护史的开端发轫之作，书名就叫《全国建筑文物简目》。这本小册子土纸印刷，装帧简单，貌不惊人，却有着一段不平凡的历史，凝聚着老一代知识分子对共产党和新中国的拳拳之心。历经半个世纪的沧桑，书品虽有些陈旧，却是中国共产党、人民解放军，在历史大转折的关键时期，重视保护文物的历史见证。

1949 年 1 月，北平和平解放后，人民解放军即将挥师南下。为了在激烈的战斗中保护好各地的重要古建文物，我党领导人特地请著名的古建筑专家梁思成先生主持编写一本有指导意义和实用价值的全国重点古建文物目录，发到军中，以便部队在作战进攻时注意予以保护。三个月后，这本简目就随解放军南下西进，迎接新中国的到来。

《全国建筑文物简目》的署名是"清华大学·私立中国营造学社合设建筑研究所编"。书前有一内容说明：第一，简明介绍每一项目所包括的内容；第二，说明按省市排列的方法；第三，各项目之前以圆圈多少分别显示其重要等级；第四，说明简目所据之资料来源；最后说明编写这本简目之目的，即供人民解放军作战及接管时保护文物之用。

简目按照文物古建筑价值的大小予以分等，按照古建文物的性质分类，使人看了秩序井然，眉目清楚。例如，简目第一条就是"北平市"，第一项"北平城全部"，并画有四个圈，表示为最重要者，下面分别是："甲、北平市。乙、都市。丙、元代（1280）初建；明初（约1400）改建……清代历次重修。丁、世界现存最完整最伟大之中古都市；全部为一整个设计对称均齐，气魄之大举世无匹。"可见其说明文字简单、科学、准确。

简目共收录有各种古建文物1800多项，它为后来公布各级重点文物保护单位提供了借鉴，其所载的绝大部分在1949年之后都列入全国省级重点文物保护单位之中。可见其所起的作用是不可忽视的，它为新中国五十年来的文物保护事业开了一个很好的头。

这本简目出版至今已整整半个世纪了，简目本身也成为"革命文物"了，流传在世的可能也是寥寥无几。我能有幸珍藏一册，这不单单是个人的收藏幸事，更是党和政府重视保护祖国传统文化的重要实证，具有积极的现实意义和深远的历史意义。

鸣晦庐旧藏《女红馀览》

我国古籍向称浩如烟海，令人慨叹向往。本人素嗜藏书，限于机缘条件，箧中乏善可陈。多年来奔走旧书摊，到底也存有一些能够值得一提的，如鄙藏清乾隆刊版画珍品《女红馀览》，未见各家著录，通行的各种有关中国版画史的著作也未见提及，还是民国时期版画古籍收藏家王孝慈先生鸣晦庐旧藏，可谓沧海遗珠。

《女红馀览》为钱塘许承积编辑，竹简书屋藏版。一册一函，鸣晦庐旧装，王孝慈手书题签"女红馀览鸣晦庐藏书二十二年八月二十三日购于文禄堂"。书前有乾隆丁亥许徐德音序，次目录及图说，后无跋。序中交代了编纂此书的缘起："昔贤树壶中之教者，自《列女传》而下如《闺范》《女鉴》，代有条纂。……杭俗士大夫家收惜字纸，每刊花鸟谱相易，为闺中压线之用。余侄墨斋太守志存引劝，乃于修息之暇，类往牒贤媛故实，各系以图，命曰《女红馀览》，用以代花鸟谱……深闺暇日采织馀闲，或因文以观象，或按图以索解，学绣之女，停针之妇，犁然会心观感而兴起者当不少也。"并称赞它的功能说，《女红馀览》"有卫名教，振风俗之功"。于此可见此书的主旨。

正如序中所言，本书共收录了四十位古代贤媛故事。内容不外乎是"焚香祝父""升堂乳姑""断机勉夫""感化妯娌""训子端严"等恪守遵行"三从四德"典范的妇女形象，犹如女二十四孝故事。书中都是整页的左图右文，文字部分饰以博古图案，雅洁美观，用清代特有的开化纸精印，展卷夺目，美不胜收。

鸣晦庐主人即王孝慈先生，是一位古籍版画收藏的先行者。近年来，他的藏书也多次出现在拍卖市场上。他并不被人重视，行世的多种藏书家辞典中没有他的位置。幸亏他曾经提供所藏《十竹斋笺谱》给鲁迅、郑振铎复刊行世，而被人连带提起。姜德明先生曾撰文考证了王孝慈先生，收入《余时书话》中，"想不到这位王孝慈与鲁迅辑印中国古代版画亦有关。应该说鲁迅与郑振铎合作刊印《十竹斋笺谱》，促成其事的关键人物就是王孝慈。明崇祯十七年刊本《十竹斋笺谱》留传世间的仅一两部，连鲁迅先生都没见过原本，难得的是王君藏有一部，并慨然借与鲁迅、郑振铎重新翻印。"

王孝慈喜欢收藏古代版画典籍，同时还是一位京剧艺术的爱好者，尤其是谭派开创人谭鑫培的铁杆"粉丝"。张次溪先生辑印的《清代燕都梨园史料》，在续编中收入了鸣晦庐主人的《闻歌述忆》，这是已知的王孝慈先生唯一行世的著作，是一位忠实戏迷的随笔。他在《闻歌述忆》中自述，他自小喜爱泥制儿童玩具，"每展纸描其容度至夜分无倦容"，"稍长则购石印画谱与名人相"。这是王孝慈喜欢收藏古典版画的开端。

当时购置画谱名人像这些有插图的书，为传统藏书家所不屑，但是却与学者型藏书家如郑振铎等不谋而合。在这方面，王孝慈是郑振铎的一大竞争对手，在旧书肆上每遇佳本，郑氏常与王孝慈竞争而"竟不能夺之"，郑振铎回忆道："与余有同好者，在沪有鲁迅、周越然、周子竞诸氏；在平有王孝慈、马隅卿、徐森玉、赵斐云诸氏，搜访探讨，兴皆甚豪。有得必以相视，或一见奇书，获一秘籍，则皆大喜。"1999年，中国书店春季拍卖会第79号拍品，即王孝慈旧藏明刊《烈女传》，后有王氏长长的跋文，此文就记录了他们的这一段书缘友情。

鸣晦庐主人王孝慈，原名立承，字孝慈，生于1883年，河北通县人，也就是现在北京市通州区人。我曾问过通州文委的人，但他们对这位近代通县名人竟一脸茫然。王孝慈只是个清末的监生，做过度支部主事、检查纸币清理财政处帮办、大总统府秘书、政事堂机要局佥事、国务院秘书厅佥事等，都是级别低的小官吏，不是赫赫有名的大人物。王孝慈故于1936年，他的藏书身后大部分进入北京图书馆，现有《鸣晦庐藏书目录》行世，近年被收入北京出版社《中国著名藏书家书目汇刊（近代卷）》中。这样一位挚爱传统文化，为保存、发扬传统文化做出贡献的人，是不应该被忘记的。

《女红馀览》实际上和常见的《教女图说》等一样，是古代提倡妇德的教化之书，目的就是推行儒家之纲常礼仪，以德化人。清代不仅有一套完备的法律制度，而且还有一套对国民实施教化的制度，类似于现代之普法和宣传教育制度，注重寓教于乐。所宣讲的内容主要是儒家伦理道德观和家国观。过去很长的一段时间里，传统伦理道德被视为"封建礼教"，我们批判封建礼教是"吃人"的礼教。《女红馀览》就是宣扬"封建礼教"的通俗读物，通过四十位古代贤媛故事，我们会发现儒家思想更重视的是人伦，在社会现实中靠"君臣""父子""夫妻""兄弟"和"朋友"这五伦来维系，也就是"三纲五常"为行世之本。儒家思想重义轻利，提倡知足忍让，劝导人们重视内心修养，在与人发生冲突时尽量避免纠纷，保持人际关系和谐。这正是中华民族的传统美德所在。

《女红馀览》独特的版画艺术的观赏性，更令人珍视。书中以中国传统的白描手法，用极纤细而劲健的线条表现人物，画中人物颜面肌肤似乎都带有弹性。了解我国版画史的人都知道，明代中期以后，安徽徽州地区的版画异军突起，雕刻名手如林，而且散布全国各地，其风格细致精湛。一些画家绘制插图，与刻工合作，在版画中创作了一批生动的艺术形象。徽州盛产纸墨，商业、手工业发达，版画作者（包括画家、刻印工人）名手辈出，尤以徽州黄氏刻工最为著名。徽派版画在版画艺术领域里，已达到出色的成就。

《女红馀览》的版画艺术风格正是这种徽派艺术的继承和发展。精工细镂，其线纹细如擘发，转动柔和，景物环境如山石、地砖、窗棂都刻得繁密工细，显示了雕工的高超技术，这正是徽派版画的典型风格，完全不同于我们常见的清代版画那种刻板、粗糙、缺乏灵动和生气。这样一部出色的版画作品多年来竟如沧海遗珠无人提及，和他的原藏主人王孝慈先生一样默默无闻，真是一件憾事。

一版神生百纸奇

我国古代传统木刻版画主要有宗教版画、欣赏性版画和文学插图三种类型，一向以实用美术行世。艺术风格表现为细线双勾，画面清晰，形象分明，轻重均匀，独具中国传统审美要求，在绘、刻、印三方面达到前所未有的艺术高峰，以其绘刻精致、意境天然卓立于世界艺术之林。传统版画至明清达到一个高峰，明代万历时期有版画的"黄金时代"之誉，在中国美术史上占有重要一席。

今年春季，北京海王村拍卖公司举办的古籍专场拍卖会上，丰富多彩的明清版画古籍是这场拍卖会的亮点，尤为引人注目。其中一些拍品还拍出了前所未有的好价钱。如明代汪氏刊本《列女传》原刻初印、王孝慈旧藏题跋本，就是这届拍卖会的白眉。三册残本以6.2万元成交，让人们对明清版画另眼相看。《花鸟争奇》《童婉争奇》，共六卷，明天启春语堂刊本，内附精美版画三十二幅，这部书的总题应为《七种争奇》，此为其二。明代邓百拙撰，引述历史故事，类书典故。文体不一，或像赋体，或如小说。七种是风月、童婉、花鸟、蔬果、山水、茶酒、梅雪。所附插图生动传神，当属建安版画作风，最终也以6.2万元拍出。

脍炙人口的汤显祖《玉茗堂四梦》，在这次拍卖中推出两种明刻明印带精美插图的珍品《邯郸记》和《牡丹亭还魂记》，绘刻佳丽，生动形象，分别以4.5万元和2.8万元成交。两册明草玄居黄玉林刻本《仙媛纪事》版刻清秀，线条流畅，是明代徽派版画由豪放向婉丽转型的代表作，以3万元拍出。而残存一册的明刊《出像西游记》，内存版画十五幅，构图豪放粗犷，以3万元成交，令人感叹。明万历新安刊本《图绘宗彝》八卷，插图绘刻精致，是明代版画的成熟之作，技艺之精，可见一斑，也以3万元的价格拍出。清代版画善本也有不俗表现，成交价在万元以上的有清康熙刊本李渔撰《慎鸾交传奇》二卷，首有版画十二幅，成交价1.5万元；清贯华堂刊本《西厢记》首附精图十二幅，以1.8万元成交；清中期刊本《孔子圣迹图》以1.8万元成交等。

古典版画之所以成为热点，除了其艺术欣赏性，我们从留存的古代版画中，还可以看到古代社会的各个侧面，间接地了解当时人们的思想感情，触摸那个时代的脉搏。版画经过刀在木板上的镌刻，传统古典使用大量阳刻来生效。它的构图以丰满密集来衬托疏与简，因此线条和艺术形象就不会等同于手描的画稿，正因为这样，凡所刻印的作品都具有独特的刀味与木味，可谓"一版神生百纸奇"。

暖红室原本戏曲版画册

　　清末民初的刘世珩是大家熟知的藏书家、出版家，他是安徽贵池人，字聚卿，别号楚园。光绪甲午（1894）举人，他父亲官至巡抚。身为"官二代"的他喜文学，工词曲，富藏书，有大力又有兴趣，曾先后得精善秘本千余种，以宋刊王应麟之《玉海》为镇库之首，故以"玉海堂"名其居。他刊刻古籍，嘉惠学林，计有《聚学轩丛书》五集六十种、《贵池先哲遗书》三十一种、《玉海堂景宋元本丛书》五十二种、《宜春堂景宋元巾箱本丛书》八种、《暖红室汇刻传剧》五十一种等，洋洋大观。可惜人各有命，五十二岁他就去世了。刘世珩的一生，官做得不大，但他藏书、刻书的文化贡献，可以傲视古今、永留史册了。

　　《暖红室汇刻传剧》是我国传统戏曲文学的重要典籍，最为人所称道。刘世珩在自序中说："庚子辛丑间，余刻《董西厢》，于是有汇刻传奇之举。穷搜博访垂二十年，始刻成五十种。"过去，如果常逛旧书店，《暖红室汇刻传剧》的原刊本是不难碰到的。店家往往要打开有图的那页，以示卖点，郑重放置于展柜中，其实悬价现在看来并不高。买到汇刻传剧另种，就是在今天也算不得什么奇遇。我买到的暖红室主傅春姗亲手景摹的版画原本，那才算是奇遇呢，闺阃绣品，百年梦影，竟与我结缘，可算是淘书二十余年的福报。

有一位前辈在一篇文章中，把买旧书、逛旧书店比喻为钓鱼。说有什么收获，收获大小，都不能确定，有一种神秘的期盼心情，并认为这是人生难得的一种心境。正是这种不确定性，才会让人乐此不疲，享受这种心情起伏的乐趣。人往往也很奇怪，东西容易得到了，兴味反而要索然了。20世纪90年代，拍卖业方兴未艾，买古籍、淘旧书还是要到旧书店，在这里每每会有意想不到的收获。前尘往事，回味尤香。

刘世珩在《暖红室汇刻传剧》自序中说："旧有绣像图画，皆室人江宁傅晓虹所模。"曾参加《暖红室汇刻传剧》校勘工作的晚清词人况周颐，其所作《汇刻传剧题辞》诗和诗注，为我们了解这位江南才女傅春姗，了解暖红室的由来，打开了一条门缝。诗云："梦凤箫楼重回首，暖红兰室两同心。词场楼指阳春曲，几见知音在瑟琴。"诗后注曰："先生刻书，多与夫人合校。德配江宁傅偶葱夫人春微，字小凤；继配江宁傅俪葱春姗，字小红（晓虹）。梦凤楼、暖红室所由名。"这真是一段凄美的佳话，刘世珩从小随他做官的父亲，在南京（江宁）长大。奉父母之命，媒妁之言，娶父亲的同僚之女傅春微，字小凤为妻，婚后夫妇俩凤凰于飞，恩爱有加。可惜好景不长，佳偶早逝，相见除非在梦里，故曰"梦凤楼"。可意的是，他续娶之妻，竟是亡妻的妹妹，叫傅春姗，字小红。晓虹者，小红也。故曰"暖红室"。红袖添香夜读书，琴瑟和谐，传为佳话。

作家肖伊绯的《孤云独去闲》，即讲民国闲人那些事的书中，有一篇《红袖纪年谱添香》。讲的是刘世珩、傅春姗这对神仙眷属的故事，作者写道："这一天，刘世珩提笔写卷时，她（室人傅春姗）也正在忙活着一件笔墨物件。她将薄薄的邮纸静静地衬贴在一册泛黄的古籍页面上，用拈作一缕的极细的毫笔尖，顺着透现出来的线条轮廓轻描凝钩，似乎是要将原本的版画一丝不差地摹仿过来。这一会儿，她正在描摹着一幅古代的仕女肖像。刘世珩在旁静静地看着她，仿佛眼前的这位女子与她笔下摹画出来的肖像都如梦境一般美好无瑕，令人难以置信。刘世珩悄悄地蹑步离去，刚走了两步，又悄悄地折返回来。他从袖中掏出一件小小的物品，轻轻搁在了春姗的书桌一侧。那是一枚小小的朱文印章，上面铭着四个小篆：暖红室主。"傅春姗女史精心摹仿的版画原本，百年后归为我有，岁月的悠长也掩不住那一缕幽香。

笔者很羡慕刘世珩，认为他"书读得很精，藏书也很丰富，自己还刻书、印书。他的闲适生活，甚至有不知天地岁月般的逍遥，他的妻妾们用笔墨为他书写着这样的人生，并为之留下精彩的纪念"。红袖添香乃旧时读书人艳羡不已之意象，历史上确有这么几位读书人，夫唱妇随。时代远的，如胡应麟之妇，脱簪珥首饰凑钱为夫买书；还有归有光与王氏、祁彪佳与商景兰、王世德与范景姒、沈恕与曹兰秀、阮元与继配孔经楼等。时代近些的，要数刘世珩与傅春姗这对神仙眷属了，藏书家徐乃昌与马韵芬也相类似，著名的景元本《乐府新编阳春白雪》，卷尾有"光绪乙巳假泉唐丁氏善本书室藏元刻本属室人，怀宁马韵芬景写校梓南陵徐乃昌记于小檀栾室"等，一时传为佳话。兰闺雅趣，大有"小红浅唱我吹箫"之韵致。

《暖红室汇刻传剧》的插图被誉为我国传统木刻绣像插图艺术的最后一抹夕阳，为人所称道。我所得傅春姗手绘原本，以线装书的形式装订，泛黄的纸面透着岁月的沧桑，很可能已成为人间孤本。景摹并非是照猫画虎，没有深厚的绘画功底，难以做到形神兼备。书内有"晓虹"署名、题识，与刻本上的题字手迹比勘完全一致。墨线铁画银钩，细若游丝，形神兼备，完美再现原作之神韵，洵为不可多得的艺术珍品。手抚百年前闺秀手泽，悬想江南春梦悠悠，不是一件很有意思的事吗？

现代经典木刻作品集

现代版画以其独特的艺术性和历史文物性，在现代中国美术史上，占有浓墨重彩的一页。现代版画与古代传统版画的根本区别在于它不是复制的，而是创作的，也就是画家以刀代笔，自画、自刻、自印而成。由于特殊的历史背景，现代版画，包括具有文献价值的早期木刻作品集，存世无多，极具收藏价值。

现代版画是鲁迅先生亲自倡导、培育发展起来的，是在中国人民反帝反封建的伟大斗争中产生的，所以也称新兴木刻运动。抗战前的六七年间，是中国现代版画的萌芽时期，它诞生的时代背景决定了其表现的是人民的痛苦、呼号、奋起抗争及对新生活的追求和期盼。

抗日战争和解放战争时期可以说是中国现代版画的一个艺术发展高峰，涌现出许多大师级创作者，如李桦、古元、彦涵等。他们怀着饱满的革命热情，成为献身于民族解放事业的艺术尖兵。此时的现代版画无论是作者群，还是社会影响面，都是其他画种难以攀及的。本人兴之所至，也收藏了几册原版现代版画经典作品集。这些现代木刻作品集是时代风云的真实记录，表现了新兴版画运动充满艰辛与磨难、奋斗与搏击的历程。

《抗战八年木刻选集》是1946年由上海开明书店初版，由当时的全国木刻协会编辑，精选国统区和解放区75位作者的100幅优秀代表作品，16开精装印行，封面题名乃鲁迅先生手迹，书的扉页用中英文写道："谨以此书纪念木刻导师鲁迅先生逝世十周年。"这表达了人们对鲁迅先生的深切怀念，封面上凹印的朱红色书名，至今仍熠熠闪光。《北方木刻》是1947年全国木刻协会编的16开精装本，上海高原书店出版。《北方木刻》顾名思义，收录了中国北方的木刻作品，选入的都是当时解放区版画家作品，这是与《抗战八年木刻选集》的最大区别。此书共有100幅木刻和25幅新年画与剪纸。《北方木刻》和《抗战八年木刻选集》可以说是姐妹篇，这两部经典木刻选集都是出版发行于国统区的上海。郭沫若先生当年曾说，我们的版画家"在中国人民解放斗争中，的的确确走在最前头了"。现代版画其独特之处就是它的大众性、历史性和战斗性。同时，东北解放区也出版了一册《木刻选集》，它是由张仃先生任总编辑、东北画报社出版的，内容主要是以古元、彦涵为代表的解放区版画家的作品。这也是解放区唯一出版的高质量的现代木刻画选集，如今已成为革命文物了。

2001 年岁末淘书记

2001 年岁末，京西海淀图书城中的一家旧书店举办了一场古旧书展销。从报上得知消息后，我与书友相约前往。因知道消息太晚，大量的好书被他人捷足先得了。但在我的后得之中，也有一些颇值一谈的好书。

（一）《任渭长画传四种》，一函六册，光绪年间上海同文书局石印，定价 240 元。同样的书，如果是木刻本，时价得逾万，非吾辈力所能及。同文书局在晚清与点石斋齐名，以石印精善著称。这样的石印本也很有时代特色。（二）《蹇安五记》，这是以书法家名世的潘伯鹰先生的早期小说集，传本甚稀。姜德明先生在《余时书话》中有专门论及，以藏现代文献著称的林辰先生，访书四十余载，方购得此书。姜先生叹为奇遇，可见其传世之少。而余竟从乱书堆中无意得之，淘书之乐，尽现于此。书价 20 元，书品尚佳，应该说是很便宜了。（三）《现代中国文学作家》，钱杏邨著，全两册。上海泰东书局分别出版于1929年和1930年。该书是研究早期新文学作家的重要之作。第一集中的《死去了的阿Q时代》一文，曾引起很大争议，此书也因此更显珍贵。（四）《都门豢鸽记》，1927年北京晨报社版，于照著。于照即著名国画家于非闇先生。这本《都门豢鸽记》是于先生"都门三记"之一。它不是养鸽子的技术用书，而是以清丽、闲适的笔调，道出清末民初的市井风俗和训鸽者的负手观天之乐。此书当时很得周作人先生的激赏。现在，知于先生画名者众，知于先生有此"都门三记"者几稀。我多年访求未果，一旦拥有，其乐可知。

以上仅举四例，以见此次淘书之乐。其他尚得不少好书，如民国五年（1916）初版的《庚子使馆被围记》、民国二十五年（1936）版《天台山游览记》、民国二十一年（1932）精装巨册《中华全国名胜古迹》等。时间进入21世纪了，我们还能有满架的古旧书可供选择，真是难得的很。更难得的是老朋友又相见了，聚在一起有说不完的旧书故事。岁末寒冬中，顿觉暖意融融。

要说一下海淀这家旧书店，其实它是中国书店的分店。20世纪90年代初，随着图书城的落成，旧书店重张开业。当时作为国营旧书店改革的试点，突出古旧书店的特色，搞得颇有声势，在京城淘书族中颇有口碑。后来，不知何因，逐渐式微了。我真希望它通过这次古旧书展销，重聚人气，在激烈的图书市场竞争中找准定位，发挥自己的长处和特色，古旧书业还是大有可为的。

五四时期的《新青年》杂志

 以《新青年》杂志为标志而兴起的新文化运动，是五四运动的重要组成部分。《新青年》被喻为五四运动第一刊，是当时思想解放的理论阵地和急先锋。斗转星移，世纪沧桑，当年出版的《新青年》，现在已真容难寻。

 而寒斋珍藏了这具有伟大历史意义的《新青年》杂志。翻开那饱经时代风霜、已经泛黄的书页，抚今追昔，仿佛又听到那催人奋进的号角。这仍铭刻着时代先驱者拓荒之功的杂志，已成为中国近代史上一座永不销蚀的丰碑。其文献性、史料性和珍罕性，为世人所公认，亦是公私藏家公认的珍本典册。

 《新青年》杂志于1915年9月15日在上海创刊，原名《青年》杂志，陈独秀主编。从第二卷第一号起更名为《新青年》，一个"新"字显示出它特立独行的青春朝气。1917年，

《新青年》迁至北京办刊，并组成新的编辑委员会，他们是：陈独秀、周树人、李大钊、钱玄同、胡适、刘半农、沈尹默等，都是集一时之选的文化精英。

《新青年》从创刊起就提出民主、科学两大口号，向封建礼教发动猛烈进攻。它把对民主思想的宣传同反对封建专制、封建礼教结合起来；把对科学思想的宣传同反对封建迷信、愚昧邪说结合起来。随着新文化运动的发展，《新青年》又高举文学革命的大旗，反对旧文学，提倡新文学；反对文言文，提倡白话文，主张建立有新思想和反映现实生活的新文学。这期间，它所发表的《文学改良刍议》（胡适）、《文学革命论》（陈独秀）、《狂人日记》（鲁迅）等文章，在社会上引起极大反响，起到振聋发聩的思想解放作用。《新青年》热情讴歌十月革命，曾发表李大钊的《庶民的胜利》和《布尔什维主义的胜利》等文章，大力宣传马克思主义，使大批先进的知识分子懂得了什么是马克思主义，从而走上革命道路，促成了中国共产党的建立。

寒斋珍藏的《新青年》杂志为1920年第八卷第一期改刊号，虽非创刊号，但是它的意义非凡。从这一期开始，《新青年》为了更好地宣传马克思主义，成为中国共产党早期组织的机关刊物。《新青年》杂志脱离群益书社而独立出版发行，

并成立新青年社。《新青年》的面貌从此发生了根本改变。我
能从茫茫书海中觅得，并亲身收藏这些珍贵杂志，真是一大
幸事。

藏家诗史　书林掌故

——记叶昌炽《藏书纪事诗》

在我案头的常备书中，有一册清末叶昌炽著的《藏书纪事诗》，这是我经常翻看的。此书是 1989 年上海古籍出版社出版的王欣夫先生的补正本，也是最完善的本子。在我的书柜中，还有一套光绪二十三年（1897）木版线装的《藏书纪事诗》，是我轻易舍不得翻看的。虽然它的纸已发黄，墨色暗淡，行格也不疏朗，刻印水平一般，但我很珍视它，因为它是《藏书纪事诗》的最初版本。我国学者对中国历史藏书资料进行较为系统全面的搜集和整理，大致是以这部书为发端的。

这部成书于 19 世纪末的著作一经问世，便以其资料收罗的博大精深成为当时和后来学者不可缺少的案头书。它对宋元以来藏书家事迹的搜集和总结，使藏书家的文化历史地位得到了一次集中展示，为藏书家在史传学林中博得了一席之地。

我国有着悠久的私家藏书历史，但有关这些藏书家的记载，却只散见于各种笔记著述中，多为文人墨客的书斋谈资和齐东野语。叶昌炽先生积数十年之精力，"自正史以逮稗乘方志，官私簿录、古今文集，见有藏书故实者，即集而录之"。他爬梳史料，汇成专辑，采用传统通俗的纪事诗形式，以人为纲，领以绝句，缀以事迹，殿以按语。纪事绝句提纲挈领，统率全篇辑录文献，按语部分补充了传主的生平事迹资料，并交代了藏书的归宿。而辑录文字部分则编次史料，是纪事诗的主体。

《藏书纪事诗》在近24万字的篇幅里，集录了从五代、北宋起至清朝末年，共700多位有代表性、有案可查的藏书家，为我们保存了大量同藏书活动密切相关的事迹，诸如征书、刻书、校书、抄书、借书和读书，以及目录文献、版本校雠、藏书保护、书籍制度等方面的资料和掌故，从而成为后人治学时不可或缺的文献集。《藏书纪事诗》问世后，继起仿效者不下十余种，可见其开创、倡导之功。

寿石工《珏庵词》

如今传统的旧书业日渐式微。面对现实，喜好藏书的朋友只好把目光移向两边，高收入的走拍卖，低收入的奔地摊。众所周知，能上拍的东西都够一定档次。对于没有充裕资金的藏书者，欲在拍场上得到自己的心爱之物，有什么办法呢？我的经验就是，集中优势兵力，打歼灭战。买十件常品，不如买一件精品。当然，在拍场实践中，意外是常会发生的，如遇强手，不可恋战，宜采用"游击战"法，"打得赢就打，打不赢就走"，绝不逞一时之勇。

今年早春，在中国书店的书刊资料拍卖会上，一册民国红印刊本《枯桐怨语》让我心动。因为这是近代著名篆刻艺术家寿石工的词集。全书应叫《珏庵词》，《枯桐怨语》是其中一种，另一种叫《消息词》。

他是著名的三味书屋主人寿镜吾的本家。民国初年与鲁迅先生在教育部共事，他与周氏兄弟都有来往。他以善于治印、书法好而享誉艺坛。他的篆刻初宗秦汉而参吴昌硕法，后师从黄士陵，线条浑朴，章法奇肆，在近代篆刻艺林中，自成一家。据说他当年在琉璃厂的荣宝斋悬格治印，润例不高，也从不取件回家，定时至店内奏刀，一气呵成，全靠才气服人。著名书画家陈师曾有诗称赞道："人海长安称印丐，草堂闲杀旧沙鸥。"寿石工，斋名"珷庵"，又号"印丐"，留有《珷庵印存》《治印琐谈》等行世。他又笃好词学，是著名的南社社员，著有《珷庵词》，内收《枯桐怨语》《消息词》两种。这次中国书店上拍的就是此书。该书流传极稀，属私人自印本，从没再版过。所以机会难得，不容错过。

这部《珷庵词》是民国十九年（1930）的雕版初刻红印本，是当年琉璃厂有名的文楷斋刊印，版刻精美，清疏悦目。创立于民国八年（1919）的文楷斋，以传统手工雕版刻书为业。文楷斋所刻的书，最为当时人称道，是民国时期刻本书的典型。我国传统刻书，书版刊刻竣工之后，需用红色或蓝色先印若干部，经校对改正无误，然后再墨印。顾名思义，用红墨色印的称"红印本"，用蓝色印的称"蓝印本"，因为是最初印本，字口清晰，色彩鲜丽，且印刷无多，历来为藏书家所珍视。

这次上拍的《珏庵词》，不但是红印本，封面还留有寿石工先生的亲笔墨迹，双美并具，愈显珍贵难得。底价为500元，尚可承受。本着打歼灭战的准备，自己内定了一个出价上限，以防临场失算。到拍卖会开始那天，准时入场。因为我是集中兵力打"歼灭战"，所以弃其他于不顾。当拍卖师报出《枯桐怨语》底价500元时，我首先举牌应价，以占底价优势。不出所料，一位先生也慧眼识宝，紧随其后举牌竞争。经两三个回合，他弃阵而去。《枯桐怨语》，即《珏庵词》，终以900元入我手中，加10%手续费，尚未突破前期预算，可谓幸事。"歼灭战"的优势就在于此，总体上不如人，而在局部一点上，却能集中火力，超越他人。此之谓：攻其一点，不及其余。

第二辑

琐记叶浅予先生

叶浅予先生是现代画坛非常著名的人物，他成名早、造诣高，在漫画、速写、国画和美术教育上的艺术成就早有定论。所谓贤者识其大者，不贤者识其小，这篇小文只是"不贤者"述说所见所感的琐事。

叶浅予先生晚年参与创建中国画研究院，长期担任副院长。见过叶浅予先生的人，最突出的感受是他与众不同的气度，用时髦的话说是气场足。但与之接触，却没有那种名人架子或艺术家的派头，更没有什么官气，所以在他面前感觉不到有什么压力。时间一长，大家更愿意听他谈谈"开元遗事"。

20世纪80年代中期，叶浅予先生在甘雨胡同的住家被拆迁，所以他来中国画研究院借住，这样我就有了与叶浅予先生朝夕相处的机缘。论辈分，叶老是上上代的前辈，他生于1907年，算起来，那年慈禧老佛爷和名义皇帝光绪还都在世呢，风也萧萧，雨也萧萧，他几乎走完了最动荡的20世纪，大时代的变革他都经历过，这些经历本身就充满了传奇色彩。

我们"生在新中国，长在红旗下"，在三大革命中锻炼成长起来的这一代人在改革开放后才知道什么才是漫画艺术。叶浅予先生当年以刻画小市民生活为主题的《王先生》连环漫画成为一代经典，达到中国现代漫画艺术的高峰。他十八岁离开家乡，无背景、无关系、无学历，以"三无"身份闯入上海滩十里洋场，二十二岁就主编《上海漫画》《时代漫画》等杂志。这是今天的人们无法想象的。

翻开那个年代的漫画杂志，题材画面的大胆前卫，让生活在21世纪的我们都要目瞪口呆，其中有直面社会和人性阴暗面的，有反映市井生活的，更有夸张的漫画人物，社会名流如宋庆龄、蔡元培、胡适等，还有蒋介石、林森等也照样不客气地漫而画之，无所顾忌，这些在今天看更是不可想象的。

20世纪30年代，没有政治背景的叶浅予先生曾受聘到上海《晨报》办专栏，画《王先生别传》，一干就是五年。情况怎样呢？叶浅予在回忆录中说："晨报主编对别传内容从不过问，任作者自由发挥，因而我感到精神十分舒畅。记得有一期画的是王先生当了警官，带部下去监视学生示威游行，表现了一幕向学生求饶的丑剧，显然是讽刺政府当局的，事后却并未受到指责。还有一次画学生募航空救国捐，王先生躲躲藏藏逃避募捐，意味着对募捐的反感。"你绝对想象不到吧？他只是以嘲讽的口吻说："时间愈久，我愈明白，国民党的统治也像只纸老虎，并不可怕。"

20世纪50年代中期，叶浅予先生带美院学生到山西写生，所见所感，画了一组《大同行》系列漫画，发表在《旅行家》杂志上，"仅仅反映了服务行业的一些问题"当时就被认为是故意抹黑，恶毒攻击，受到种种责难和批判。此一时也，彼一时也，令人唏嘘感叹。但是，从此叶先生彻底放下了漫画之笔，专心于远离现实的舞蹈人物画。记得张中行先生说过，大意是"天才好比是千里马，社会环境就是千里马任意驰骋的场地，如果在驰骋的场地里，设有种种绊马索，也就不会有千里马了"。

叶老的性格耿介平实，真诚坦率，从不抬轿子也不坐轿子，是圈内有名的"倔老头"。关于他的倔，可以举两个例子来说说，第一件是20世纪80年代开始，国画标高价炒作之风越刮越猛。画家自己炒作托价，已是公开的秘密，人心不足蛇吞象。对此,叶老很反感,别人他管不了,但他跟画店协议,他的画价格不能超过多少,高了不卖。用自己的实际行动企图扭转全民拜金大潮,多少有些堂吉诃德式的悲剧色彩,结果当然只是便宜了画商。另一件是有一年,一位很有些名气的文化官员携厚礼到画院来看叶老,传达室照倒通知,回答是"忙,不见"。俗话说,阎王爷不打送礼的,何况是有权势的人送的?叶老照样不买账,还真是体现出一"倔"字。

叶老从不参加社会应酬,新时期画画没有了政治风险,反而成为出名求利的终南捷径。学画、求画、倒画之人如过江之鲫,各类画展应接不暇。叶老的态度是,不剪彩不贺喜,不题字不签名,不吹吹捧捧。他的"倔"挡住了那些喜欢捧角趋炎附势的人,这样他的画室住处就有了名人难得的清静,才能够在晚年完成《细叙沧桑记流年》的写作。

生活中的叶老平易近人,幽默可亲。画院内不论画家、职工,都愿意和他接近,因为他待人真诚自然,从不居高临下,在他面前,谁都不会有局促不安的感觉。叶老刚搬到画院时,虽年近八旬,但身体硬朗,中午还亲自到职工餐厅打饭,和大家围坐一桌吃饭聊天,因为画家是不坐班的,所以大多时候围坐的都是院里的工作人员。叶老时常通知餐厅准备特别点的菜，如烧鱼或炖鸡等摆在圆桌中间，大家打好饭，和叶老围坐在一起分享。人员不固定，谁赶上谁吃，费用是叶老自掏腰包，行政人员靠工资吃饭，生活都比较清淡，每逢这个时候叶老是最受欢迎的人。

在画院北边有一条小河，小河旁边曾经有一个早市，再往北走是紫竹院公园。叶老早晨常和住附近昌运宫的丁聪先生结伴，遛弯逛市场，他们挤在早点摊前吃豆腐脑、油饼，怡然自得，并不觉得有失身份。在熙熙攘攘的人群中，谁能想到这对老人从20世纪30年代就名满天下了呢？

叶老晚年以八十高龄曾登顶上方山览胜，留下一段佳话。自古房山多佳山水，上方最幽深。上方山在过去不但风景秀美，还是华北地区著名的佛教圣地，有着一千多年的历史。上方山曾留下过明代大画家青藤道人徐渭的足迹，他写有《上方山记》一文，徐渭游上方山已是花甲之年。近代画家溥心畬先生，民国初年隐居北京西山期间也来此游山访古，并亲手编著《上方山志》一书，由旧京文楷斋木板印行，传世稀见，我曾在琉璃厂旧书店中见到过，惊鸿一瞥，终非我有。溥心畬还绘有《上方山诗图》手卷，可以想见旧时上方山的盛景。上方山之游是叶老发起、画院组织的一次春游活动，这已经是三十多年前的往事了。时年叶老以八十高龄游山，可谓是赓续前贤的一段佳话。如有好事者重修《上方山志》是应该记上一笔的。

叶老晚年有藏石、玩石之癖，在他住的二号楼画室内，摆满了大大小小的石头。他写的咏石诗我曾经抄存过："石谱五字经，丑漏绉瘦透；玩物自成癖，独爱圆润厚；晶莹赛珠玉，圆润刚亦柔；奇趣在大块，斑斓布霞岫。"叶先生收藏石头，从不标新立异。他最爱的是石头的自然天成，最反感的是人为加工的假奇石。可惜的是，叶老去世后，他收藏的这些石头因为不值钱，没人注意，也就不知所踪了。

叶老在20世纪30年代还积极参加过早期摄影活动。叶老后来回忆说，那时候"我这两只手，一只手拿速写本，一只手握照相机"。他说："作为《时代画报》的主编，我和全国各地的职业或业余摄影家们经常保持联系，自己也拿起摄影机拍摄人像和风景照片，并以"初萌"笔名，在画报上发表我的习作。发表多了，我居然被上海黑白社吸收为会员，参加了几次黑白社的摄影展。"

20世纪30年代曾是中国经济文化很繁盛的时期，史称"黄金十年"。当时出现过三个很有影响力的艺术摄影组织，北平"光社"、上海"华社"和"黑白影社"。叶浅予先生在1933年10月加入了"黑白影社"，并很快成为中坚力量，是影社的五执委之一。这一时期，他不但经常有摄影作品发表，还用他风趣的画笔画了不少有关摄影的漫画。

过去有一段时间，我很喜欢跑跑旧书店，逛逛旧书摊，没有什么目的性，无非是满足一下好奇心。我国早期摄影类画册图集也是我很喜欢的，兴趣所至，颇有所得。留有叶浅予雪泥鸿爪的黑白影社出版的《黑白影集》、叶浅予先生编著的《富春江游览志》等，都先后收入寒舍。灯下展玩，尘念俱销，像是打开了一扇了解那个时代的窗户，穿越时空，感受到了那个时代的气息。

《黑白影集》第一册于1934年出版，这是第二届影展的作品选集。我注意到书后的社员通讯录，因为这里留有叶浅予先生的雪泥鸿爪，已是很珍贵的历史资料了。"叶浅予，上海法租界吕班路（辣斐德路）万宜坊卅九号电话八三六二五。上海三马路同安里二七号时代编译所电话。"看似简单，信息量却很大。叶浅予先生时年二十六岁，早以漫画《王先生》名满天下，正在主编《时代画报》，所以留下的工作地址是"时代编译所"，家庭住址是"吕班路万宜坊"。吕班路现在叫重庆南路，曾是上海西区法租界的一条马路，万宜坊就在重庆南路辣斐德路（今复兴中路）路口，过去这里很幽静。万宜坊在1949年以前是有名的高档社区，入住的多是富商大贾、社会名流，曾住过这里的文化界名人有傅雷、丁玲、郑振铎、刘海粟等。此时，叶浅予先生新婚不久，和并不如意的佳人罗彩云住在万宜坊 39 号，住 38 号的是著名文学家钱杏邨（阿英），作家丁玲住在万宜坊 60 号，他们都曾是叶先生的邻居。最广为人知的 53—54 号，现在已经辟为邹韬奋故居，供人参观了。

《黑白影集》第二册收有叶浅予的三幅摄影作品。此时他已是黑白影社五大执委之一，执委下设编辑、展览、会计、总务、文书、旅行、交际股，叶浅予是编辑股负责人。叶浅予的家庭地址没变，工作单位改为"上海福州路时代图书公司编译所"，说明此时叶浅予已进入邵洵美的时代公司，继续主编《时代画报》。邵洵美是非常有才气的诗人出版家，叶浅予编著的《富春江游览志》就是这个时期由时代图书公司出版的。书中收录了叶浅予大量的摄影插图，这个时期正是叶浅予摄影活动的高峰期。

福州路早在上海开埠之前，便是四条通往外滩的土路之一，这四条土路俗称四马路。1865 年正式定名为"福州路"，沿用至今。福州路曾是上海近代文化出版业的阵地，拥有各类书店 300 余家。除著名的中华书局、商务印书馆外，很有影响力的北新书局、黎明书局、时代书局、上海书报杂志社、中国图书杂志公司、群益书社、中国文化服务社以及中央书店等都是风光一时，所以福州路素有"文化街"之称，叶先生工作的时代图书公司编译所也在这里。

1937 年出版的《黑白影集》第三册是第四届影展作品选刊。值得注意的是，此时执委和编辑股已经没有叶浅予的名字了，通讯处也改为"南京新街口南京朝报"，没有电话，没留住址。据叶浅予回忆录说，他是从 1935 年认识女画家梁白波的，"我和白波既是异性的同类，又是艺术事业的搭档。我们一见钟情，相见恨晚，用不着互诉衷肠，迅速地合成自然的一双。"他和女画家梁白波远走南京，成为轰动一时的"婚变"新闻，详情这里就不多说了。他在南京时期还画过著名的连环漫画《小陈留京外史》。不久，随着抗战的炮火，黑白影社烟消云散了，叶先生的摄影活动也日渐式微了。

叶浅予携新婚之妇罗彩云刚来上海时，"小家庭租在爱文义路某弄堂里一个前楼"，后来又迁居万宜坊。爱文义路是上海公共租界西区的一条东西走向的干道，是今日上海市静安区及黄埔区境内的北京西路在租界时代的路名。叶浅予说："我开始动笔写回忆录。其中一个重要部分是写我的家庭生活，从罗彩云、梁白波、戴爱莲到王人美，写这四个女性在我一生中所起的作用和影响。"有兴趣的朋友可以找这本书来读一读，是很有意思的。在这四位女士中，我曾经见过大明星王人美，佝偻着身子，坐在轮椅上，当时什么感觉，我现在难以形容，可能想到了美人迟暮了吧。

叶浅予回忆录中"婚姻辩证法之二；父母之命第二课"谈到他的原配罗彩云，其中有段话："罗彩云之为人，最不可饶恕的是她的文盲地位，光这一点，就不能和我般配。"话说的非常决绝刺目，八十多岁高龄，心境还不能平静，婚姻之殇大矣哉。不过，我想到了胡适先生，他的婚姻和叶先生相似，都是"父母之命"，都是乡下妻子没文化，但是结果完全不同。胡适先生认识到："女子能读书识字，固是好事。即不能，亦未必即是大缺陷。书中之学问，纸上之学问，不过人品百行之一，吾见有能读书作文而不能为良妻贤母者多矣。吾安敢妄为责备求全之念乎？"晚年胡适曾对秘书胡颂平说："久而敬之这句话，也可以作夫妇相处的格言。所谓敬，就是尊重。尊重对方的人格，才有永久的幸福。"胡适终生对江冬秀不离不弃。

李可染和中国画研究院

　　中国画研究院就是现在的中国国家画院。李可染先生的晚年与这个画院紧密相关，他是中国画研究院的首任院长。这个画院有一大特色就是成立至今，短短四十年，已经三易其名了。所谓"齐一变，至于鲁，鲁一变，至于道"。至于是不是道，现在很难说。国家画院历史上的"鲁"，因为常常提起，知道的人多些，而"鲁"之前的"齐"，即中国画研究院之前的中国画创作组，就是现在国家画院中的人也大多茫然。估计关心现代美术史的人对此会有点兴趣，所以也有说说的必要。

　　中国画创作组是 1977 年文化部正式批准成立的，著名漫画家华君武担任组长，因为当年华君武是文化部艺术局的负责人。《中国画创作组工作暂行条例》中说："中国画创作组根据中央领导同志指示，努力完成三大任务。（一）提供国家收藏保存的作品。（二）完成国家重点创作任务。（三）为外贸机构提供一定数量的作品，增加外汇收入。"

当时"文革"刚刚结束，画坛遗老大都还在，有关部门集中了一批老画家，为毛主席纪念堂创作任务画。任务完成后，应该各回各家。可能有关领导觉得散了可惜，当年的形势又是抓纲治国，百废待兴。政府机关、涉外饭店，大型公共场所，比如首都机场等都需要装饰画。同时还要组织国画外销，出口创汇，所以就有了这个多少带有临时性质的组织，当然，中央有关领导的个人趣味也起了决定性作用。中国画创作组的人员组成有：李可染、刘海粟、朱屺瞻、叶浅予、吴作人、关良、蒋兆和、谢稚柳、陆俨少、亚明、黄胄、黄永玉、黎雄才、李苦禅、吴冠中、何海霞、关山月、程十发、宋文治、方济众、王雪涛、梁树年等，都是一时之选。

中国画创作组设在京西颐和园内藻鉴堂。现在引一段统计资料，以见当年创作组成绩之辉煌。"自 1977 年 12 月 12 日成立以来，一共组织了 17 个省市的多位老中青画家来组进行国画创作，完成了国家需要的任务画 620 幅左右（其中作为外交部给国家领导人出国访问的礼品画 35 幅、钓鱼台宾馆陈列 41 幅、火车站 14 幅、北京饭店 430 余幅、飞机场 100 幅），还完成了外贸部门需要的出口画 4000 余幅，组内收入人民币 8 万余元（国家出口的外汇收入未计在内）。另外，到目前为止，已为国家收藏画家的精品和库存画 500 余幅。"这是 1979 年的一份报告。随着形势的发展，1981 年创作组正式更名为中国画研究院。

李可染先生任院长那年已经七十三岁高龄了，到 1990 年因意外去世，在院长任内，算起来不到十年。推想当初有关方面的人事安排，此举是要借重他的名望，因为他分量重，压得住阵。李可染先生是当代画坛可以和齐白石比肩的另一座高峰，其人、其画尽人皆知。他们虽然在所处的时代，走的路不尽相同，但同样是名满天下的人物，可谓妇孺皆知。

这期间，画院发生了许多事件，最著名的是"二黄之争"，轰动画坛，以致惊动高层。三位副院长黄胄、叶浅予、蔡若虹先后离职，尤其是黄胄的凄然离去，令人唏嘘。研究院从临时院址颐和园藻鉴堂，搬迁到百胜村白塔庵塔下的新院址。李可染先生在任内无为而治。事事都想超然于外，但是作为领导，有些事是躲不开的。人生如戏，逝者如斯，一切都随风过去了。

"可贵者胆，所要者魂。"这是李可染先生毕生治艺历尽甘苦的心得。黄苗子先生说："可染作画有胆，而做人却十分慎重矜持。"黄先生话说得很委婉，这可能与李可染先生的性格有关吧。余生也晚，在李可染先生治下，也讨了几年生活。虽非桃花源里人，所见所闻，也是有所感的。

李可染先生是江苏徐州人，原名李永顺，是一个很平凡普通的名字，和永昌、永贵、发财等一样，在农村是很常见到的，表达了底层老百姓的某种愿望。李可染这个名字是他的小学图画老师给改的，"其质可染"，可以说是慧眼独具。李可染的家庭背景既不是书香门第，更非钟鸣鼎食之族。他的"双亲均不识字，父亲是贫农，逃荒到徐州改做厨师，母亲是城市贫民"。这样的家庭出身，按照过去阶级斗争分类法，算是"阶级成分好"。然而在现实生活中，这样的家庭出身往往生活压力大，社会地位低，家庭教育差。为求生计，迫切需要孩子长大后来分担家庭负担。这样，许多有天赋的孩子就往往被生活扼杀了，一生碌碌无为。

李可染是幸运的，他虽然出身贫困家庭，父母不但送他去读书，还包容他喜欢画画的天性。要知道，在普通人的眼里，画画是不务正业，是浪费钱的事，按常理，是要被严厉禁止的。可是他的父母却没有这样做，他的人生"第一任老师"是通情达理的，这是他日后成为"画坛一代宗师"的非常重要的起点。李可染是万幸的，他童年求学时候，在"学堂上写字画画，塾师宠爱，不加阻止"。你看，任由孩子的天性自由发挥，没有暴力打压，应该说"穷巷有名师"才对。碰到的老师也是通情达理的，李可染是万幸的。十三岁时，李可染遇到了不摆名士架子的地方画家钱食芝，儿童时期的绘画天赋就这样被激发了出来，从此走上了艺术人生之路。

李可染先生是画坛的天才人物，他自己却不承认，他说："我不依靠什么天才，我是困而知之，我是一个苦学派。"这是他的谦逊之德，也是事实。苦学流汗，"废画三千"，都是走向成功的必备。他的启蒙老师钱食芝曾夸他，"童年能弄墨，灵敏世应稀"，应该不是溢美之词。他考杭州国立艺专研究部时，从没画过西方画的他，求教于一同前来报考的张眺，临阵磨枪，竟以优秀考上了，给他辅导的张眺却名落孙山，不能不说这是他的绘画天赋起的作用吧。

时代的力量改变了李可染的人生轨迹，抗日战争让他离开了家乡，他用画笔投身到全民抗战中。我曾见过他画的抗战宣传画和他爬上梯子画壁画的图片。抗战后期，洪流渐平，李可染在重庆担任艺专的中国画讲师，埋首"有君堂"，"是时钻研传统，游心疏简淡雅"。他这时期的画追求隐逸情调，人物画一般都是高人逸士，逸笔草草，不求形似。抗战胜利后，他青春作伴未还乡，应徐悲鸿之约，来到北平艺专任教，从此，北京成为他的第二个故乡。

1949 年是天翻地覆之年，抄录一首作家赵树理为"劳动人民文化宫"（太庙）写的诗，我们可以形象地感知那个时代。诗曰："过去谁老大，皇帝老祖宗。如今谁老大，工人众弟兄。时代一改变，根本不相同。还是这座庙，换了主人翁。"诗很浅显通俗，现在重读，别有一般滋味到心头。"换了主人翁"的时代，李可染在"有君堂"时期的隐逸闲散，自然是不行了。用现在很时髦的话说，要"与时俱进"，要"转弯子"。李可染先生回忆说："50 年代，我几次外出写生，背着学生的画具，每天跋山涉水，行程数万里，力求创造有现实生活气息、反映社会主义时代精神的新山水画。"李可染的山水画是对中国传统山水画的改造，他否定了元代以后文人绘画中注重表达个人感情和过分形式主义的表现，在 20 世纪 60 年代以后形成了极具个人特色的山水画风格，而被称为"李家山水"。有位理论家说："李可染是中国 20 世纪杰出的山水画家，并提出'为祖国河山立传'的口号来进行山水画写生创作。……其创作内容、表现手法……在中国山水画历史上都具有'纪念碑性'。"

这种称为"纪念碑性"的代表作品主要包括领袖故居、领袖诗意、颂扬革命圣地等红色经典作品，这也是其他老艺术家们在新社会常画的主题。这些红色经典作品不但学术界评价高，而且在拍卖市场上也屡创佳绩，创造出炫目的财富神话。《万山红遍》更创下不可思议的亿元记录，具有另一种"纪念碑性"意义了。

画院搬到白塔庵塔下后，李可染先生来院的时候不多，我和他见过几次面，有过接触，感觉更像是位和蔼可亲的老人。他的司机曾跟我讲过一件趣事，有一次开车送李可染先生到北京饭店参加什么宴请。到了那里，饭店门口人很多，李先生往前走，他跟在后面，李可染一身褪色的旧中山服，拿着人造革旧提包，布衣布鞋，十分土气。司机则是西服革履，洋气，服务生连忙把司机让进门内，把李先生挡到一边。由此可见，他生活俭朴、不讲究、行事不张扬的品行了。

李可染先生曾说："现在我年近八旬，但我从来不能满意自己的作品，我常想，我若能活到一百岁可能就画好了，但又一想，两百岁也不行，只可能比现在好一点。"他刻有图章"七十始知己无知""白发学童"，都足证其谦谦君子的美德，他待人宽、律己严，用传统的眼光看，他更是一位谦谦躬行的君子。

我和张仃先生的因缘

　　20 世纪 70 年代末，北京新机场落成，因为候机楼的一组壁画上出现三个裸女形象，成为轰动一时的大事，其影响远远超出美术界，和同一时期的话剧《于无声处》、巴金的《真话集》、刘心武的小说《班主任》一样，成为改革开放初期思想解放的一面旗帜。壁画是张仃先生主持设计的，尤其是裸女形象的出现，显露出人性的光芒，对生活在红、光、亮革命题材视觉氛围里的人，极具震撼力。由此可见张仃先生敢为天下先的胆与识。

　　张仃先生是辽宁黑山人，号它山。如同他的号一样，他是有山一样情怀的人，他的成就更是一座高山。这些成就表现在多方面、多领域，而且造诣都极高，如国画、漫画、壁画、年画、装饰设计、工艺美术等，都做到拔尖。尤其是晚年的焦墨山水画，成就了他大师级画家的地位。有人称他是中国大美术的通才，当今之世还有何人能享此盛誉呢？接触过他的人都知道，他从来不摆资格，不吹大话，待人以诚，与人为善。无论名望如何升高，他始终保持谦谦君子之风。

张仃先生在新中国成立初期，受命设计国徽，被称为新中国国徽之父。他曾设计过多套被誉为"国家名片"的邮票，从1949年早期著名的"政协""开国"纪念邮票，到1981年"辛酉年"鸡年邮票。随着传邮万里，都享誉海内外，为大众所喜爱，所以他的大名也就不局限于美术界。难得的是，张仃先生的德行也是今世所稀有。机场壁画风波后，张仃先生面对各方的指责，敢担责，不推脱。等到风停雨霁后，面对各种赞美和荣誉，他说："那是袁运生画的，我就参谋了参谋。"这种不张扬、不揽功、虚怀若谷的品德操守，应该比壁画还要珍贵。

张仃先生是中国画研究院的老院委，20世纪80年代中期，中国画研究院搬迁到白塔庵塔下新址后，他曾来新院址住过，时间不短，总有半个多月吧。那时候，画院人少事闲，风气还比较淳朴，经常看到他一个人在院内遛弯，也没有什么人簇拥着。迎面碰上，他总是很和气地点点头。同在一个院里，我就有机缘能登堂入室，看他画画，听他聊天。他给我总的感觉是气度不凡，这不凡之像也是很自然的，一点不做作。张仃先生时任中央工艺美院的院长，更没有一丝领导的派头。我那时年轻不懂事，又非桃花源里人，毛头毛脚地去打扰他，他也没有流露不耐烦来，经常很随意地说话，就像在话家常，感到很亲切。聊天中他得知我喜爱集邮，从抽屉中拿出他绘制的鸡年邮票首日封送给我，这份情谊我一直珍重保存着。回想人海浮沉三十多年，也见过不少所谓"大师名家"，能够使人"如沐春风"的只有张仃先生了。他离开画院后，听说结庐西山，过着隐居的生活，超然世外。有几次在什么场合上，我远远地见到张仃先生，这时候的他已经是鲁殿灵光式的人物了，被里三层外三层簇拥着。

那时候，我还年轻，工作清闲，空闲时喜欢跑跑旧书摊，无意中买到1946年东北画报社初版本《木刻选集》。精装16开，41页，道林纸印刷。收录有古元、彦涵、力群、胡一川、沃渣、石鲁、吕琳、刘迅、安林等18位作者的42幅版画作品，内容反映抗战时期的战争场面和生活劳动场景，序言是徐悲鸿先生写的。张仃先生时任东北画报社总编辑，画册就是他亲手策划编辑出版的。当年的木刻版画是党领导下战斗的投枪和匕首，是革命的现实主义和浪漫主义相结合的产物，木刻在解放区得到了蓬勃的发展。《木刻选集》的编辑出版是对解放区木刻艺术的检阅和回望，这是解放区出版的质量最高的一本画册，比著名的开明书店版《抗战八年木刻选集》还要早六个月，可见编选者之目光敏锐。

喜欢藏书的朋友都有一个癖好，如果能得到作者或编者的签名，那是件很有意思的事，我自然不能免俗。1998年一个晴朗的夏日，因为什么机缘，在赵力忠老师的帮助下，我再次见到了张仃先生。这次我做了一些准备，将《木刻选集》带在身边。先生还是那样平和安详，岁月不饶人，老人更老了。呈上这册濡染着时代风霜的《木刻选集》，张仃先生非常感兴趣，人都是旧情难忘，话题自然就转入了东北画报社，谈了许多趣闻和掌故。先生欣然在书的扉页上题曰："这本画册使我回忆起东北画报社，张仃九八年夏日。"得到张仃先生的题识，是一种缘分和荣誉，更让这本画册成为见证历史的文物。

张仃先生以九十四岁的高寿归道山了，一晃又是多少年过去了，人事代谢，故人凋零。画院也发生了根本改变，逐名逐利，熙熙攘攘。有时就不免想起张仃先生，更让我感到老辈风范的不可及。人生百年，殊途同归，谁都不免于此。所以古人有立功、立德、立言"三不朽"之说，张仃先生一生事业成就，其人品、画品无疑是不朽的，都将垂范后人，永载史册。

何海霞先生二三事

何海霞先生于 1908 年出生在北京一个普通的旗人家庭。那时候的旗人是不普通的，他们居于统治地位。自入关开始，清政府就实行"恩养八旗"政策，旗人享受大锅饭，从一出生就能领到一份皇粮。八旗子弟在社会上不工、不农、不商，优哉游哉，逐渐形成游手好闲的特殊群体。何老一家虽然也是八旗子弟，但很早就失了籍，从祖辈开始只能自谋生路，靠手艺吃饭了。俗话说，凡事都有两面性，吃不上大锅饭也是桩好事，辛亥革命后，大清朝亡了，多少旗人因为失去了靠山，生活顿时无着落，因而流落街头。同样是满族旗人，何老一家却不会有这样的失落，照旧靠手艺吃饭。

到 1949 年，神州大地又一次迎来了历史新纪元。旧社会画家赖以生存的社会基础和经济基础，都发生了翻天覆地的变化，有一位伟人曾经很形象地将其比喻为皮之不存毛将焉附？这是何海霞那一代知识分子共同面临的困惑。留落异乡的何海霞先生经历了各种运动，浮浮沉沉。黄永玉先生说，他"见惯了生活，拍遍了栏杆。他宠辱不惊，从容处事，他什么都来得，端得起，放得下"。总之，凭着过硬的本领，何老愣是在异乡开辟了一片天地。

20 世纪 70 年代末，中国社会再次迎来了大变革。何海霞先生的命运也再次改变，从异乡回到了故乡，从靠边站到一代山水画大师。一位理论家评述道："燕人何海霞回到北京完成自我，并把许多黄钟大吕、金碧辉煌的山水画悬挂在首都各大庙堂，他因此成为 20 世纪中国最大的庙堂山水画家。"可见，这一时期，何海霞先生达到了他的人生顶点，得到了前所未有的辉煌荣誉。何老一生几乎贯穿整个 20 世纪，他成名早，见识广，起伏大，富有传奇性。"世事一场大梦，人生几度秋凉。"何海霞先生有何感慨，不得而知。曾听他总其一生之账时说："别的都靠不住，人要有本事、有手艺才行。"

何海霞先生是 1984 年调入中国画研究院的，是当年画院唯一有人事关系的老艺术家。不像李可染、叶浅予先生，他们虽然是中国画研究院的老领导，但人事关系始终还在原单位，所以他们去世后，治丧委员会要设在中央美院。何老去世后，治丧委员会就由研究院来领衔。何海霞先生和国家画院（原中国画研究院）的关系就显得更深、更亲密了些。

我因为某种机缘，不识丹青却进了画院之门，松风塔影，不觉三十多年过去了。面对数仞之墙，"不得其门而入，不见宗庙之美，百官之富"。这真是无可奈何的事。三十多年来，我接触过不少艺坛名宿，其中有许多可念之情、可感之事，常萦绕于心。古语说"贤者识其大者，不贤者识其小"。作为识其小的闲话，我说几件何海霞先生可念、可感的"小事"，以见老辈风范，为艺坛留些佳话。

何老异乡漂泊几十年，乡音未改，乡情更浓。晚年得偿所愿，落叶归根。大约是1986年年初吧，何老在画院展览馆办回京后第一次个展，我们大家都去帮忙，这是我第一次与何老接触，亲身感受到何老待人行事的君子风范，这是老北京人特有的礼数。记得一次闲聊天，他问我老家是哪里的，我说是河北衡水地区的，他随口说道，我的老师就是你们那里的人。几十年过去了，许多事都模糊了，这个印象还是很清晰的。可见，他不管以后名气有多大，成就有多高，饮水思源，尊师重道的感恩之心，还是长存于何老心中的。这也让我也知道了，深州不但出产大蜜桃，还有位伯乐韩公典。

何老当年已是八十岁的画坛耆宿，画债如山，冗务如网，还关心院内普通职工福利，可以举一例说明，20世纪90年代，商品经济之风越刮越猛，书画市场火爆。画院门内坐班的工作人员，每月只有不多的工资，显得清汤寡水，日子不好过。单位之内两极分化加剧，有天地之差别。此情此景，许多人看不见，或者看见了，认为理所当然。何老不是这样，他不是自己闷头发财，不管不顾。他对此就像自己的事一样，很上心，积极想办法。办法之一是，提议由工会组织职工办班学习，何老亲自讲课，真心想把本领传授给大家，为职工找条搞活的出路。这稀有的"拔人苦，与人乐"的慈悲心肠，是中国传统文化"推己及人"的具体体现。古语云："禹思天下有溺者，由己溺之也；稷思天下有饥者，由己饥之也。"何海霞先生庶几近之。

何老和许多文化名人，如冰心、季羡林一样，很喜爱养猫。他曾和我说过，他不是把猫作为玩物来饲养的，更注重的是对弱小生命的尊重，这是佛家众生平等的博爱情怀。

古人推崇的人生三不朽，立德是放在第一位的。立德不是吹大话，摆姿态，而是一个人平时点点滴滴的无意流露，是为人处世的一种态度。何老离开我们已经二十年了，花树微茫，朱栏寂寞。如果说何老的山水画是广陵散，那么夫子之德就更是广陵散了。

我所知道的张伯驹、潘素先生

20世纪70年代末初，国家实行改革开放，社会风向有变，张伯驹先生也重新被人们认识，被追捧。他传奇的一生早已为人们所熟知，今年是他诞辰120周年，各种纪念活动更是热闹，"一个张伯驹，半座紫禁城"。这句话被当作噱头津津乐道。大家似乎忘记了他凄凉的后半生，张伯驹先生一生起伏很大，遇上了改天换地的时代大变革，用他自己的话说是"兴亡满眼，只剩斜阳"。

著名学者张中行先生在《负暄琐话》中说："历史上有不少人物，一生经历变化大，如果先繁华而后冷落，他自己有何感触不能确知，也许热泪多于冷笑。在旁人看来却有些意思，因为带有传奇性。这样的人物有大有小。小的，不见经传，都随着时间消逝了。大的，见经传，为人所熟知的也颇不少。这可以高至皇帝，远的如宋徽宗，近的如爱新觉罗·溥仪；再向下降，在锦绣堆中长大，由富厚而渐趋没落的，自然为数更多。有不少也是有些意思，甚至很有意思。"这些很有意思的人，远些的如曹雪芹，近些的如张伯驹先生。

黄永玉先生称赞他是"富不骄、贫能安"的"大忍人"。刘海粟夸赞道："他是当代文化高原上的一座峻峰。从他那广袤的心胸涌出四条河流，那便是书画鉴藏、诗词、戏曲和书法。四种姊妹艺术互相沟通，又各具性格，堪称京华老名士，艺苑真学人。"

张伯驹、潘素夫妇和中国画研究院（国家画院的前身）很早就结缘了，在研究院成立前后，他们多次应黄胄先生的邀请，到颐和园临时院址参加活动，现在画院仍然收藏有他们那时来院"作于藻鉴堂"的作品。可惜好景不长，1982年张伯驹先生寂然去世。几年后，画院也搬迁到白塔庵塔下新址，大约是1986年吧，潘素先生因为家里的一些事情，曾来画院借居三号楼画室，从春到夏长达几个月。此时潘素已孑然一身，我有幸参加了接待工作，近距离接触了这位被张伯驹惊为天人的绝世风华。自然，这时候的潘素早已是洗尽铅华，归于平淡了。印象中的她既让人感到惊艳，但又没有名人的那种距离感，就像面对一位普通长者，慈祥可亲，不矜不夸，很容易接近。记得有一次闲谈，她问我家住在什么地方，我回答说北大蔚秀园，她随后淡淡地说："那里我很熟悉的，我们曾经住在旁边的承泽园。"当时我也没往心里去，后来读书渐多，知道了张伯驹先生在《春游琐谈》序里说的："余得隋展子虔《游春图》，因名所居园为展春园，自号春游主人。"指的就是这里。承泽园就是"展春园"，这是一座近两万平方米的清代皇家园林，最后的园主人就是张伯驹、潘素夫妇。潘素先生当时那种无得无失、去留无意的淡然神情，给我留下了很深的印象，后来的确是让我震撼了。承泽园成为北大教工家属宿舍后，荒草萋萋，愈加残破。以后我再到这里来时，感觉和以前完全不一样了。

许宝蘅日记在 1950 年 10 月 19 日有，"赴伯驹约，所居在海淀之西，即庆亲王之承泽园也，观牧之《张好好诗卷》、山谷《诸上座卷》、展子虔《游春图卷》，《张好好诗卷》绝佳。"1951 年 4 月 8 日，"乘电车至西直门，换三轮车至承泽园，颖人、伯驹为主人，集者三十余人，共设四席，以姜西溟《祝氏园修禊》诗分韵，拈得当字，午餐毕摄影，三时散。到蔚秀园访林宰不遇，遇殷维戊夫妇，四时到成府村访子受小坐，由燕京大学通过……"

1968 年，我随父母迁居北大蔚秀园教工宿舍，于兹五十年矣。这里曾是清末贵胄醇亲王奕譞的西郊别苑，与承泽园仅一河之隔，过去我经常到承泽园里找同学玩，"旧时王谢堂前燕，飞入寻常百姓家"。那时候距离张伯驹搬离承泽园也不过十多年光景。承泽园风光依然，一条源自昆明湖二龙闸的小河，自西向东贯穿全园，在东墙外与万泉河相聚。同学家住的房屋也许就是当年张伯驹珍藏《游春图》的所在。

许宝蘅日记里说的，通过燕京大学到成府访子受走的路线，就是当年我上小学走的那条路，进北大西校门（原燕京大学旧址），穿过湖光塔影的未名湖，出小东门，就到成府村啦。穿过蒋家胡同，就是位于东大地的北大附小了。那时候我当然不会知道世上有个张伯驹，蒋家胡同还住过邓之诚。邓之诚的日记中也有到承泽园和张伯驹往来的记载。许宝蘅到成府找的子受，就是缪荃孙之子，当时借居邓之诚的蒋家胡同寓所。

20 世纪 90 年代初，北京后海曾有一处自发的旧书旧货市场。我在这里买到过张伯驹先生刻版油印的《春游琐谈》《丛碧书画录》，仿古线装，朴素大方。书中竟夹带有张伯驹的手稿《收藏西晋陆机平复帖经过》，写在普通的元书纸上。张伯驹、潘素夫妇生前的住处就离这个后海早市不远，想不到，我和他们的缘分还能这样不期而来。

20 世纪 60 年代，张伯驹先生于役长春，结习不改，结社雅集。自费油印《春游琐谈》，他在序中说："昔，余得隋展子虔《游春图》，因名所居园为展春园，自号春游主人。乃晚岁于役长春，始知'春游'之号，固不止《游春图》也。先后余而来者有于君思泊、罗君继祖、阮君威伯、裘君伯弓、单君庆麟、恽君公孚，皆春游中人也。旧雨新雨，相见并欢，爰集议每周一会，谈笑之外，无论金石、书画、考证、辞章、掌故、轶闻、风俗、游览，各随书一则，录之于册，则积日成书。他年或有聚散，回觅鸿迹，如更面睹。都中诸友，亦月寄一则，以通鱼雁。此非惟为一时趣事，不亦多后人之闻知乎！"稍有现代史常识的人都知道，60 年代的社会空气绷得紧紧的，张伯驹先生此举肯定不合时宜。果然，《春游琐谈》出到第六集后，即无息无声了，春游社诸君子也都雨打风吹飘零了。

《春游琐谈》第一篇就是张伯驹先生的《陆士衡平复帖》，详细记述了他收藏《平复帖》的曲折经过，与我所得手稿《收藏西晋陆机平复帖经过》大同小异。这个"小异"也很有意思，值得说说，主要是捐献的经过。《春游琐谈》中说："丙申，余移居后海，年已五十有九，垂垂老矣，而时与昔异。乃与内子潘素商定，将此帖捐赠于国家，在昔欲阻《照夜白》卷出国而未能，此则终了夙愿，亦吾生之一大事。"我所藏手稿关于捐献的过程就详细很多,"北京解放后,五五年北京市民政局发动劝买公债,联系人为邢赞庭,徐冰之兄邀我出席,我声明将所藏古代法书卖给文物局,全部款购买公债,后我与文物局张珩同志商议,按我原买价二十万以下十万以上作价,时张云川闻知此事,(说)购买公债不如迳将法书捐献给国家,室人潘素首先同意,我遂告知张珩同志,将晋陆机《平复帖》、唐李白《上阳台帖》、唐杜牧《赠张好好诗》、宋范仲淹《书道服赞》、宋蔡襄《自书诗帖》、宋黄庭坚《诸上座帖》、宋吴琚亲书书诗、元赵孟頫章草《千字文》,一并捐献于国家,一面写信报告给毛主席,由徐冰同志转呈"。

著名作家章诒和在 20 世纪 50 年代后期,曾拜潘素为师学画。从此他们两家结下了毕生的患难之交。她曾亲耳听张伯驹说收藏国宝的故事。章诒和在回忆录中说:"想起那些名贵得令人头晕目眩的收藏和崇高得叫人张口结舌的捐献。我坐在太师椅上,环顾四壁,很想找到父亲说的'奖状'。墙壁张有潘素新绘的青绿山水,悬有张伯驹的鸟羽体诗词,还有日历牌,就是没有嘉奖令。也许,它被置于卧室,毕竟是耗尽一生财力、半辈心血之物,弥足珍贵。一会儿,父亲起身准备告辞。我向张氏夫妇执弟子礼。然而,我礼毕抬头之际,眼睛向上一瞥,却发现'奖状'高高而悄悄地悬靠在贴近房梁的地方。'奖状'不甚考究，还蒙着尘土……把极显眼的东西，搁在极不显眼的地方，浪漫地对待。"章诒和先生感慨的是，张伯驹夫妇不经意间流露出的那种名士风范，举世滔滔，后无来者。

悲鸿大师与收藏

徐悲鸿先生在他短暂的五十八年的生命历程中，为了艺术的真理，不断学习，不断追求。他坚持自己的观点，维护自己的信念，从不动摇。其高超而精湛的艺术技巧，崇高而精深的艺术造诣，已为世人所共识和称道。他不但是一位著名的画家，而且还是一位伟大的爱国者，一位了不起的收藏家。他一生节衣缩食，铢累寸积，收藏了大量的历代名迹和珍贵图书。现藏于北京徐悲鸿纪念馆中的遗藏，就有唐、宋、元、明、清及近代大家的书画作品约1000余件，珍贵的图书、图片、碑帖等约1万余件。这些无价之宝是研究悲鸿先生艺术思想的重要资料。

徐悲鸿先生博采古今、学贯中西的美术修养和高雅的美学品位使他的收藏具有很高的水准，中国历代绘画的收藏是其精粹所在。这里面既有闻名的大家之作，也有不见经传的佚名作品，全都是以艺术水准做取舍。徐悲鸿先生从不以名气大小和金钱价值作为入藏标准。高超的艺术实践造就了他区分良莠、披沙沥金的慧目，这也决定了其收藏的精深华妙，丰富多彩。

徐悲鸿先生的绘画收藏，以唐人《八十七神仙卷》为至宝。这是一幅宽30厘米、长292厘米绢底呈深褐色的佚名画卷。画面上八十七位神仙，像是从天而降，列队行进，体态丰盈而优美，线条带有生命气息而富有韵律，无论是人物的比例、结构的精确，还是构图的宏伟，在现存的中国宗教人物绘画中，均无出其右，堪称国宝。这是1938年徐悲鸿先生在香港办画展时，经作家许地山介绍，从一位德国女士手中购得的。这位德国人的父亲是一位中国艺术的爱好者，在华工作生活近四十年，购买了大量的中国画。他逝世后，遗产由他唯一的女儿继承，这位女儿却对中国画不感兴趣，意欲出售，便托许地山为她寻觅买主，这样徐悲鸿先生以万元的代价使《八十七神仙卷》得以重回祖国，徐悲鸿先生为此欣喜万分，特地在画卷盖上"悲鸿生命"的印章。

《八十七神仙卷》无论人物或构图都和北宋武宗元画的《朝元仙杖图》相同，可惜武卷早已流失海外。张大千先生观赏《八十七神仙卷》后，认为武卷实滥觞于此，并认为"《八十七神仙卷》与唐壁画同风，非唐人不能为"。在中国绘画史上弥足珍贵。张大千先生感叹道："悲鸿何幸得此至宝……天壤之间，欣快之事，宁有过于此者耶？"徐悲鸿先生更是珍惜有加，特取"八十七神仙馆"命其所居。不料这罕见的幸运以后竟变成横祸。1942 年，徐悲鸿先生旅居昆明，因避日机空袭，防空洞归来，发现门锁被撬，《八十七神仙卷》突然被盗。这个打击让他饮食不思，痛苦万分。徐悲鸿先生曾赋诗自忏："想象方壶碧海沉，帝心凄切痛何深，相如能任连城璧，愧此须眉负此身。"引历史上的蔺相如能保住和氏璧，而自己却未能保护这件国宝来自责，深感痛心和愧疚。没想到两年后，幸运之神再次降临，被盗的《八十七神仙卷》又回来了，而且完好无损。当然，这次又花去徐悲鸿先生 20 多万元巨款和自己数十幅画的代价。谢稚柳先生在题跋中记叙这件事道："悲鸿道兄所藏《八十七神仙卷》……骤失于昆明，大索不获。悲鸿每为之道及，以为性命可轻，此图不可复得。""故物重归，出自意表……以予所见，宋以前唯顾闳中夜宴图与此卷，并为稀世宝。悲鸿守之，是宝良足永其遐年矣。"

徐悲鸿先生另一件有代表性的藏品，是明代仇十洲的《梅妃写真图》，这是一幅长达 543 厘米的画卷，人物多达 110

个。整幅画卷富丽堂皇，用工整的界画笔法写成，人物则以潇洒多变之笔，表现仕女的千姿百态。画面的起承转合、疏密、横直、聚散、节奏等的处理都妙不可言，是仇英的代表之作。徐悲鸿先生在画面上题跋："此画以人物树石界画画法而论可能是仇十洲作品，五百年中，惟仇方有此功力。……余因古人物佳幅难得，工整界画更难得，因借债收之。"徐悲鸿先生藏品中还有一幅宋人《朱云折槛图》，此图台北故宫博物馆也藏有一幅相同的佚名之作，徐悲鸿把它与《八十七神仙卷》并称"二奇"，他在这幅画上的题跋写道："此幅曾入多种著录，实是北宋人华贵手迹……就画而言，诚为中国艺术品中一奇。其朱云与力士挣扎部分，神情动态之妙，举吾国古今任何高手之任何幅画，俱难与之并论，不待著录考证，始重其声价也。吾《八十七神仙卷》宣达雍和肃穆韵律，此则传抗争紧张情绪，而此二奇并归吾典守，为吾精神之慰藉，自谓深幸也。"

徐悲鸿先生的收藏与许多收藏家不同，他不重作者之名气大小，而以画的本身艺术价值为重。他曾在桂林购得北宋董源的巨幅中堂山水。世称"荆关董巨"，董即董源，声名赫赫。张大千见到此画，爱之弥深，坚欲交换。徐悲鸿先生便慨然交换了一幅清代金农的《风雨归舟图》，两者就年代、作者名气而论，相去何止千倍。但徐悲鸿先生自有他的看法，他以艺术家的直觉认为，《风雨归舟图》乃中国古画中的奇迹之一，是中国山水画的支柱之作。并说："吾以画为重，不计名字也。"这正反映了悲鸿先生的收藏观。他对前人书画文物的珍爱，只求艺术的精湛，不汲汲于金钱、名气。有时为方便观赏，他还大胆地对原作进行改造，如著名画家黄养辉先生，曾藏有明代文徵明书法丈二诗轴，因尺幅过大又有破损，不便观览。徐悲鸿先生就建议他改装成四副对联，以易于悬挂。装裱后他亲笔题跋："扬辉仁弟得文衡山巨帧，已届断烂。吾为整理，改成四联……一经修整，容光焕发，前人名迹，因得保存，良自慰也。"黄养辉先生也在此联绫边上加跋，记述这件事，"悲鸿师亦喜此书。云如此高大巨幅，悬之不易，不如剪裁，裱成对联，承师乘兴整理，七言八句，组成四联。因款字太大，由师书长跋以补之。"这也反映了徐悲鸿先生异于常人的收藏观，艺术品的收藏鉴赏也是一种对艺术的尊重与再创造，它直接反映了收藏者的艺术品位和学养。所以，从徐悲鸿先生的书画收藏品中，我们也可探究他的艺术思想和对传统文化的独到见解。

我们从《悲鸿自述》中还可以寻找到一些他早期的收藏经历。如1917年他二十二岁，在姬觉弥的资助下，东渡日本研究美术时，就"尽以资购书及印刷品"。这里的印刷品指的是画册、画片等。1919年徐悲鸿偕蒋碧薇抵欧陆留学，他在《自述》中追记道："时学费不足，节用甚，而罗致印刷物，翻览比较为乐。美术印刷尤为德国人绝技，种类其丰，亦尽量购之，及美术典籍，居室上下皆塞满，坐卧其上，实吾生平最得意之秋也。"此时的徐悲鸿还只是名穷学生，购藏书画真迹，心有余力不足，他记述当时的心境是，"因谋欲致之，而又力不及，又恐失机，中心忐忑，辗转竟夜，不能成眠"。这种心情有过收藏经历的人都不会陌生。悲鸿先生在欧洲留学期间购置的大量图书和美术作品，其中有些书的扉页上写着"悲鸿旅欧最穷困之际"和"悲鸿梦寐以求，借资购得"等题记，都是徐悲鸿先生当时收藏活动的真实自白。

徐悲鸿先生铢累寸积地收集了大量的历代名画和珍贵图书资料。他生前多次表示，这些藏画只是暂时属于他，他是为国家保存它们的。许多优秀的绘画珍品得到了徐悲鸿先生的有效保护，免于流落到国外，充分表现了一个爱国者热爱自己民族艺术的深厚感情。1953年，徐悲鸿先生逝世后，他的夫人廖静文女士遵从悲鸿先生的遗愿，将他历年收藏的字画和图书资料，全部无偿地献给了国家。

《彦涵木刻选集》话旧

——一本藏书引起的怀念

　　"十一"小长假，耳所闻，目所睹，都是旅游胜地人山人海的消息。上了点年纪的人不愿去凑那份热闹，待在家中品茗理书，享受独处之乐，也是一种不错的过节方式，语曰"无事小神仙"就是这个意思。躲在家中，翻翻旧存，过过书瘾。每本书都有一段故事，往事如烟，仿佛又回到了过去。

　　一本老画册《彦涵木刻选集》是 20 世纪 90 年代初在报国寺旧书摊得到的，当时引来同行好友的羡慕赞叹，这使我感到莫名的高兴，好像得了什么宝贝似的。那时候，我年纪还轻，体尚健，节假日怎么能待在在家里？一辆自行车，转遍四九城，旧书店、旧书摊是我的乐园。买不买先不说，逛一逛、看一看也是很过瘾的。如今，买旧籍要登拍卖场，已不复当年淘书之乐了。

《彦涵木刻选集》是东北画报社版画丛书之一，1949年4月东北书店初版，是彦涵先生第一本个人画集。出版距今约七十年了，可以称为文物级的新善本了。这本小小的画册不仅仅是版本珍贵，更引起了我深深的怀念之情。翻开扉页，一段苍劲的题跋跃入眼帘："这是很早出版的小小版画集，历经沧桑变化，今日得见，殊感欣喜，以专志之，谢谢您的收藏。幸存者彦涵，一九九八年。"这是著名版画家彦涵先生亲笔在我的藏书上写的。流年似水，一晃二十年过去了，彦涵先生已经墓有宿草，睹物思人，能不令人感伤？

彦涵先生生于1916年7月29日，江苏省东海县人（今连云港市），1935年入浙江艺术专科学校，师从潘天寿先生学习。1937年抗战爆发，大道多歧，有人为艺术而艺术，他选择了奔赴延安，进入鲁艺的木刻训练班，在日后战火纷飞的年代中，他以木刻创作为武器，为理想、为革命事业进行"鼓与呼"，逐渐形成了自己朴素、粗犷、带有浪漫主义激情的艺术风格，成为"解放区木刻"最主要的代表人物之一。彦涵先生曾回忆，他在踏入艺术殿堂之初，有一位先生曾对他讲："你不要去画风花雪月，而要画沧海桑田。"这句话影响和伴随了彦涵一生。此后，无论是在战火纷飞的战争年代，还是在深陷政治阴霾的灰暗时期，彦涵始终保持着一位坚定战士的品格与气质，为艺术奉献出自己的一生。他的作品始终贯穿着人民性和时代性。

我收藏的这本《彦涵木刻选集》精选了他在抗日战争期间创作的《当敌人搜山的时候》《不让敌人抢走粮草》《奋勇出击》《来了亲人八路军》和木刻连环画《狼牙山五壮士》，以及反映根据地生活的《选举》《冬学》《和地主算账》等一系列木刻精品。这是他一手持枪一手握画笔、在血与火的生死考验中凝聚了的时代精神，也是在苦难命运中所磨砺出来的刚毅与勇气，这些都融入到了他的艺术之中，已成为中国现代版画史的经典作品。

改革开放后，彦涵先生与时俱进，其艺术观念发生了巨变，作品开始从具象走向抽象，从描画现实走向象征和比喻，整体风格呈现出多彩性和丰富性。这一时期彦涵的作品以多角度对现实和人生进行剖析，题材涉及更为广泛，体现出极大的自由意志和创造力，被称为彦涵艺术创作的"浪漫时期"。他晚年带有浪漫主义色彩的创作，更是对新时代境遇的期盼与讴歌。有评论家说："彦涵先生是一位极为少见的、具有独特人格魅力的艺术家。他那跌宕起伏的传奇经历引人入胜，多舛而又坎坷的命运催人泪下，彦涵先生是我国著名且具有重要贡献的老一辈美术家和教育家，在艺术界和教育界拥有崇高的威望和广泛的影响，他对中国美术事业的繁荣发展倾注了毕生心血，做出了重要贡献。彦涵先生的艺术创作思路宽广，题材丰富，具有极大的包容性和拓展性，在木刻、水墨、书法、油画等方面均有涉猎并成绩斐然，尤其是在推动 20 世纪中国版画艺术的发展方面，功不可没，为抗战美术史和新中国美术史写下了浓墨重彩的篇章。"

1991 年，中国美术家协会、中国版画协会联合授予彦涵先生"新兴版画杰出贡献奖"，2001 年又获中国文学艺术界联合会、中国美术家协会第一届中国美术"金彩奖"，曾获文化部颁发的"造型艺术成就奖"等诸多褒奖。著名美术理论家江丰曾在《彦涵版画集》的前言中写道："如果将彦涵的作品连接在一起，将是一幅壮丽的、史诗般的画卷，他是一个具有创造性精神的人民艺术家！"真可谓"世事一场大梦，人生几度秋凉"。

我结缘彦涵先生，是在 20 世纪 90 年代，还曾到复兴门外他的家中拜访过。记得那是座普通的旧楼房，主人和居室一样简朴，也可以说有些寒素。这时候的彦涵先生已经被各种荣誉光环围绕，以他那样高的名望，寒素二字应该和他对不上号，这让我很感意外。在和彦涵先生的相处中，我看不到"大家"架子和"大师"派头，他待人很直爽，不做作。

所以在他面前，我这样无名无位的小字辈，也丝毫没有局促不安，一切都很随意。古人说，绘事是余事，什么是正事呢，大约是为人处事的德与品，表现在日常生活中，就是接人待物的态度吧。

李智超与《智超画存》

近代以来，燕赵大地诞生了不少在中国绘画史上很有影响力的画家，除了原安新县的李智超外，涿州胡佩衡、遵化秦仲文、成安王雪涛、固安刘凌沧、蠡县梁黄胄、束鹿赵望云等，都是其中的佼佼者。有些人因为种种原因后来声名不彰，鲜少人知了。李智超就是被历史尘埃淹没的人，他是当年著名的反对徐悲鸿国画改造的"三教授"之一，因艺术主张不同，1949 年以后长期被边缘化，郁郁不得志。1978 年风气刚一改变，他就去世了。所以现在许多人都不清楚李志超其人，这是不公平的现象。

李智超是近代河北省雄安新区难得的历史文化名人，他笔名白洋、白洋舟子，1900 年 6 月 20 日生于河北省安新县南冯乡三义村，祖父李云潭先生为清末秀才，父亲李春林是地方乡绅，可谓书香世家。1914 年，李智超先生进入叔祖创办的私塾学习，1923 年考入河北保定第二师范学校，1926 年入北平国立艺术专科学校，师从齐白石、萧谦中、陈半丁、汤定之、王梦白等先生，为萧谦中先生的入室弟子。后与齐白石交厚，白石老人曾为他治印数枚。之后他历任京华美专、北平艺专、华北大学、辅仁大学讲师，在《北平时报》上发表书画史论文章。

1929 年，李智超先生从北平艺术专科学校毕业后，进入萧谦中先生的个人画室工作。后经萧谦中先生介绍，加入著名的中国画学研究会。他擅山水画，用笔苍健，喜青绿着色。1949 年以后他曾任北京师范学校、北京教师进修学院的美术教师，1960 年调河北艺术师范学院（现天津美院）任教，曾编撰《中国画论述要》《中国艺用透视学速成法》等，他精于书画鉴赏，有《古旧字画鉴别法》等。

本人往日喜欢跑跑旧书店，曾经买到过民国十九年（1930）初版的《智超画存》，还是画家本人亲笔签赠本。画存收李智超先生画作 19 幅，萧谦中先生题写书名，秦仲文先生作序。由京城印书局出版，琉璃厂崇文斋等书坊代售。和现在一样，出书要找些名家时贤壮壮门面。《智超画存》前有齐白石手书题词"腕底鬼神"，王梦白先生赞其"笔底烟云"，汤定之赞"苍浑入古"，周肇祥题字"气象深远"等。这本画册已成为珍贵的美术史资料了。

此书是秦仲文先生作序言，因为画册很罕见，秦先生的序很有史料价值，所以值得抄录如下："吾友李君志超，性嗜山水，平日为学见古今佳迹，辄澄心临抚，务臻神肖，苦心此道，已十年于兹矣。今年夏，同学雷健侬君集其新旧诸作若干幅，印为画存，将以视余，结构精奇，笔墨雄放，庶几乾嘉规范，时流所罕见也。嗟乎，近十年来，社会万事无不变其常规，即绘事一道，习者亦恶其法度绳束，兹为狂怪，兹编一出，吾见其好学深思，将有以感发来者为匪鲜也。志超，河北安新人，诚笃扑呐，劬学虚怀，有古君子风，概交余最早。用赘数言，以语赏志超之画者。庚午五月仲文秦裕识。"

　　李智超是旧京画坛一位很活跃的人物，更以"三教授事件"名留画史。"三教授"中的李智超是萧谦中的弟子，秦仲文、陈缘督是金城的门徒，他们在读书时就受到画法研究会陈师曾、胡佩衡、金城、汤定之、贺良朴等先生的影响，纵观他们一生的艺术追求，不认同徐悲鸿以西方写实的素描来改造国画的所谓新国画之路，是很正常的学术之争。李智超与北平诸多画坛前辈"精研古法，博采新知"的主张一脉相承，且终生未曾改变。改革开放后，解放思想，实事求是，"三教授事件"得到了客观公正的评论。有关事件经过，论述很多，这里就不详细说了。

沉思往事立残阳

——白塔庵塔的前世今生

中国国家画院改扩建工程已经奠基启动了。现在偏处画院东北一隅的那座古塔，即将成为国家画院的中心景观，真是件令人高兴的事。当年中国画研究院（中国国家画院前身）在此建院之初，这座塔有一小部分在东面的产权单位北京市自来水公司院内，塔西边是生产队的农田。自来水公司的大门开在东面，西边是他们的后院墙，中间没有路。按照画院的规划红线，东边原来是一条穿过古塔的直线，也就是说，此规划将出现古塔为两家共有的局面。这样既影响未来画院的景观效果，又不利于文物保护。所以当时的院领导黄胄先生多次找到北京市领导协商争取，才有了我们现在看到的景象，东院墙不是一条直线，而是靠近古塔部分向东扩展凸出一块。这样使古塔完全属于中国画研究院，并有了围绕古塔设计的美丽院景。20世纪90年代，画院在土地确权工作中与东邻单位自来水公司有过不少麻烦，他们不在土地确权书上签字。现在随着画院扩建工程的开展，东院墙也即将被拆除，这一切都将化为烟云，成为画院建设史上的一段掌故了。

20世纪70年代，北京建设用地尚不紧张，筹建中国画研究院时有几处备选院址。最终选择在这里建院，主要就是看中了这座古塔。1979年，文化部给北京市《关于中国画创作组基建用地》的报告中说："已选定紫竹院西百胜村附近和尚坟一块地……该地属玉渊潭公社潘庄大队四道口生产队。和尚坟系明代藏式建筑，自然条件也好，可设计一些园林布置，有利于国画创作。"所谓"和尚坟"，显然指的就是现在院内这座白塔庵塔，为什么要叫"和尚坟"呢？我曾经寻问过百胜村遗存的老户，他们说原来这一带曾经有过多座大小不一的古塔：村民就把附近这一大片地叫作"和尚坟"，白塔庵塔是其中最大也是唯一幸运留存下来的。

清乾隆时期，官修的《日下旧闻考》卷九六中记录有这座古塔，"今西直门外大街迤南有寺数椽，亦名资福，乃寺僧移栖于此，而仍旧名耳。香炉一，款曰：资福寺永远奉佛，万历丙子仲夏铸。其西空壤有仆碑，文已漫灭，碑阴'尚膳监太监马海'等字尚可辨，当即钱俊民所撰者。惟成德《渌水亭杂识》误马海名作'潮',为未核耳。距碑数十武(半步)有塔,形制如妙应寺白塔,而高稍逊。"这应该是现在已知的最早记述白塔庵塔的文献了。引文中的成德是清代著名的传奇词人纳兰性德,《渌水亭杂识》是纳兰性德记录见闻感受的笔记著作。看来《日下旧闻考》的相关记录是结合纳兰性德的笔记经过实地考察得来的。纳兰性德的笔记中是这样描述的:"资福寺,明正统间僧圆升建。至嘉靖初,尚膳监太监马潮修之。中有山西按察司金事督理宣府边储、四明钱俊民碑,书之者,礼部左侍郎任丘李时也。殿前梵塔上勒片石,有'壬寅三月三日'字,未知何时所建。"显然纳兰性德见到的梵塔,就是现在画院内的这座白塔庵塔,它至少在纳兰性德见到之前就已存在。

纳兰性德以"清丽婉约,格高韵远"的《饮水词》被誉为"有清一人"。真没想到和我们朝夕相处的这座古塔,竟和这位清代传奇词人有过这样一段因缘。今天我们迎秋风、望塔影,大可以发思古之幽情,感触真就不一样了。"谁念西风独自凉,萧萧黄叶闭疏窗,沉思往事立残阳。"想想三百多年前的纳兰性德,想想他的《饮水词》,不是一件很有趣的事情吗?

20世纪20年代时,又一位"一代闻人"徘徊在这座古塔之下,他就是以书画名世的周肇祥先生。他在文史笔记《琉璃厂杂记》中有很详细的记述:"田垄间有塔摩空直上,状如妙应寺之白塔而稍杀。塔基四角束以石,上为白拔,覆以涂金铜盖琉璃宝珠,无铭额。西南数武崇庆寺,俗呼白塔庵,庵殊卑小,银杏柏各二,数百年物。主僧外出,佣工数人戴笠荷锄从秫田归,招与语,云塔系建文皇帝藏衣钵处。东南里许亦有一塔,规模益杀而制略同,野树丛生,土人呼为半截塔。"这是近百年前白塔庵塔及周边环境的真实写照。"庵殊卑小"而塔却"摩空直上",庵和塔不相称,显然不是同一时代的建筑。

周肇祥根据民间传说在民国十七年(1928)出版的《艺林旬刊》第二期上发表题为《明建文帝衣钵塔》的照片,题识曰:"塔在北京阜成门外西北五里。叠石而成,庄严清净,旁有塔庵,城内嘉兴寺派僧典守。旧传天下大师墓在西山,迄未访得,得此足证建文削发空门,北归终老,野史所记非尽无据也。无畏居士手摄并识。"无畏居士就是周肇祥先生。这也是明建文帝衣钵塔说法的最早文字记录。而20世纪80年代出版的北京市文物事业管理局编辑的《北京名胜古迹词典》,其中"白塔庵塔"词目亦有云:"该塔史无记载,年代不可考。40年代此处有庵因塔而名。相传明建文帝在靖难之役中逃出南京,削发为僧,晚年来到北京,死后葬于西山,此塔讹称建文帝衣钵塔。"这座古塔还有建文帝这样一段凄美悲壮的故事，令人遐想感伤。笔者曾就此事请教过北大历史系专家，他们认为所谓"明建文帝衣钵塔"缺乏史料旁证，仅凭民间口头传说是不严谨的，难以让人信服。而白塔庵塔之得名，有一说是国家图书馆处原有一白塔庵，附近的村子名为白塔庵村，村附近的古塔便被称为白塔庵塔，塔名的由来即如此，而"庵因塔而名"似乎非此塔，"白塔庵塔"亦非其庵也。

白塔庵塔为典型的藏传佛教覆钵塔样式，面南背北，高约 25 米，相当于妙应寺白塔高度的二分之一，塔建在一高台基上，由塔座、金刚圈、塔瓶、塔刹四部分组成。塔座为十字折角型须弥座，其上为两端翘角的单层条石，条石上为宽大的带束腰仰俯莲台。金刚圈为六层翘角条石，似在表现火焰升腾之状，亦有资料解释其为层叠仰莲。上部塔基之上为一层宽厚的俯莲，上置塔瓶。塔瓶四方下部均嵌有形制一样的石制佛龛（眼光门），各龛内均供奉一尊佛像。塔刹部分由下向上分为四部分，即刹座、相轮、伞盖和宝瓶。极具观赏价值，是非常珍贵的古建筑遗存。

大约是四十年前，笔者还在上中学时，曾经和同学结伴到军事博物馆去参观。记得是一个暖阳的秋季，我们骑车穿过海淀镇倒座庙后，向南已经没有公路了，四围一片郊野风光，沿一条乡间土路前行，旷野中一座古塔就兀立在这条土路旁边，古道西风满目萧然，印象是很深刻的，后来我才知道这座古塔就是白塔庵塔。没想到当年和古塔一时的邂逅，竟与它结下了后半生的情缘。改革开放后，这一带发生了根本改变，车水马龙的三环路替代了土路，周边已经城市化了。

20世纪80年代初在此兴建的中国画研究院，充分利用了古塔的景观效应，以古塔为核心借鉴苏州园林朴素自然的理念，参照北方四合院内敛凝聚的功能，将六座甲级创作楼，设计成几座相对独立的小院落。游廊把各个小院落建筑串联起来，形成一个整体大院落，一条模仿自然的山涧小溪串起三个大小不同的池塘，自东向西贯穿前后院落，有开有合，门庭清幽，花木扶疏，给人以"庭院深深深几许"的感觉。当年画院整体建筑不雕、不绘，不尚奢华，不赶时髦，朴素大方，曾荣获"鲁班奖"。

位于北京阜成门内的妙应寺因寺后白塔而著名，俗称白塔寺，建于元代。白塔寺塔名气很大，很早就被公布为国家文保单位了。而白塔庵塔偏处郊外，一直默默无闻，到20世纪80年代才被公布为区级文保单位。这片土地上曾有许多见于记载的名胜，如昌运宫、三虎桥和老虎庙等，论名气都比白塔庵塔要大得多，而今安在哉？徒留地名而已。唯有白塔庵塔依然巍然矗立。每每徜徉在这园中，花木飘零又次第萌发，人来人往，却是匆匆过客，只有这白塔，兀自静默，朝向天空，直至永恒。

画院荷园花事记

荷园以水景为中心，水中以荷取胜，故名荷园。荷园内石水叠景，复廊委曲，庭院深深，一带模仿自然的溪流，自东向西，从花木深处曲折泻于石隙之下，连接起三座大小不一的池沼荷塘，春秋佳日，溪水源头丈余高的瀑布注水，清溪泻雪，石磴穿云，其声琅然，一墙之内清风自生。虽曰人造，宛若天成。

荷园里花木繁茂，最能感受一年中四季的变化了，春节刚过春风就刮起来了。暖日暄晴，春云浮荡，荷园里看花的时节来到了。看花先看迎春花，在游廊交汇处，临水植有一大丛迎春花，依然乍暖还寒、万籁俱寂的时节，迎春花总是悄然开放，每个枝条上都是花，一朵挨着一朵，挤成了一串。东风第一枝，最为抢眼。

荷园里那数株蜡梅，都是有三十年树龄的大蜡梅了，纤枝婆娑，开花时候点点金黄，满树繁花，黄灿灿地吐向冬日的晴空，那样的热热闹闹，而又那样的安安静静，疏林冻水熬寒月，唯见一株在唤春。

要说荷园里花事最盛的当属玉兰了，它应该算是花魁榜首了。荷园里的玉兰树，在建院之初移植过来的时候就已经是成树了，算起来树龄应该超过了四十年。玉兰花开时异常惊艳，满树花香，舒展而饱满，因其株禾高大，开花位置较高，迎风摇曳若天女散花，那芳郁的香味委实清新可人，花开花落花满天，三十多年来，一直是画院中最耀眼的一景。玉兰又称报春花，在北京有着悠久的种植历史，最著名的要数西山大觉寺的古玉兰了，说花开时节动京城，一点不为过。

每逢清明前后，荷园里丁香花总是适时地来，静静地开放，花瓣小小的，虽不够绚烂，却可以感受一场芳香之旅，因为这个时候荷园里都沉浸在那清雅浓烈的香氛中了。"太息般的眼光，丁香般的惆怅。"那花香似乎可以安抚伤春的情怀，暂时忘却岁月的流逝。如今散布在荷园里的丁香树，已经成片成林了。唐代李商隐有诗曰："楼上黄昏欲望休，玉梯横绝月如钩。芭蕉不展丁香结，同向春风各自愁。"丁香自古以来就与文人笔下的愁怨、美丽、思念结合在一起，更让人多了几分黯然心动。

荷园里还有两株名贵的古董级花木，很值得说一说，一是紫藤，一是西府海棠。紫藤自古就是文人墨客的私宠，清初诗人朱彝尊的古藤书屋、杨梅竹斜街雍正朝探花梁诗正老宅里的紫藤、纪晓岚故居其手植的那株古藤等，都是京城著名的紫藤，著名的原因自然是"花以人名"了。画院内的这棵紫藤，树龄要在百年以上，是当年黄胄先生从一座被拆的老四合院里移植过来的，岁月悠悠，早已无人能识。不过现在已搭起花架，让它舒展了筋骨，焕发了青春，"庭前十丈藤萝花"的景象已重现。

画院里的那株海棠树也是建院之初从京城某"大宅门"里移栽过来的，树的粗细不比著名的恭王府海棠树细多少，因为不是生在帝王家，所以一直蹉跎寂寞。海棠姿态潇洒，花开似锦，自古以来就是雅俗共赏的名花，"海棠春睡"是千年来美丽的梦影。说起海棠花还有一段艺林典故，海外羁旅的国画大师张大千先生曾作有《乞海棠》诗："君家庭院好风日，才到春来百花开。想得杨妃新睡起，乞分一棵海棠栽。"原来他的一位好朋友家里栽有海棠树，引起了张大千的故园之思，他要向好友乞讨一棵海棠。"典画征衣更减粮，肯教辜负好时光。闻道海棠尚未聘，未春先为办衣裳。"足见他对海棠的热爱，更可见老辈艺术家率真的情趣。月朦胧，鸟朦胧，帘卷海棠红，荷园里的海棠花下是值得流连的。自古画家就与园林结下不解之缘，如文徵明与拙政园、倪云林与狮子林，都堪称经典。荷园里芙蓉袅袅依然，几许暗香袭来，碧水环景，景中含诗，浓情墨意，绘出一座恬静水苑。

图书在版编目（CIP）数据

书情旧梦录 / 胡桂林著 . —杭州：浙江大学出版社，
2020.11

ISBN 978-7-308-20050-9

Ⅰ.①书… Ⅱ.①胡… Ⅲ.①私人收藏—中国—图集
Ⅳ.① G262-64

中国版本图书馆 CIP 数据核字（2020）第 032227 号

书情旧梦录

胡桂林 著

责任编辑	叶 敏
责任校对	马一萍
装帧设计	蔡立国
出版发行	浙江大学出版社
	（杭州天目山路 148 号 邮政编码 310007）
	（网址：http:// www.zjupress.com）
制 作	北京大有艺彩图文设计有限公司
印 刷	河北华商印刷有限公司
开 本	880mm×1230mm 1/32
印 张	7.25
字 数	120 千
版 印 次	2020 年 11 月第 1 版 2020 年 11 月第 1 次印刷
书 号	ISBN 978-7-308-20050-9
定 价	68.00 元